Kürbis & Zucchini

Helga Buchter-Weisbrodt

GARTEN-FIT

- Sorten und Anbau
- Fitness und Gesundheit
- Feine Rezepte

Ulmer

Inhalt

Fit und Gesund

Gesundheit aus dem Kürbis

Frucht, Kerne und Kernöl enthalten wertvolle Vitalstoffe und Gesundmacher. Mit wirksamen Anwendungen.

Kürbis einmal anders

Richtig behandeln und gekonnt verwerten – geeignete Zutaten, hilfreiche Handgriffe und raffinierte Rezepte.

Feine Rezepte

Bezugsquellen

Auf der Suche nach einer bestimmten Sorte, Fragen oder Probleme? Die richtigen Ansprechpartner finden Sie hier.

Register

Schnell gefunden: Ob Sortenname, Inhaltsstoff oder Rezept – die wichtigsten Informationen von A bis Z.

Inhalt

Der Kaiser des Gartens

Keine andere Obst- oder Gemüseart bietet so viele Superlative wie der Kürbis. Die chinesische Bezeichnung „Kaiser des Gartens" für das Multitalent Gemüsekürbis bezieht sich nicht nur auf die majestätischen Früchte einiger Sorten oder die üppig wuchernden Blattmassen und meterlangen Ranken, die sich in kürzester Zeit durch den Garten schieben.

Der Gartenkaiser stellt gleich mehrere Rekorde auf: Mit fast 500 kg schweren Giganten finden sich die größten Früchte der Welt bei den Kürbissen; dazu Hunderte von Sorten mit einer Spannbreite zwischen wenigen Gramm und vielen Kilogramm schweren Früchten in fast jeder nur erdenklichen Form und Farbe. Das Fruchtfleisch variiert zwischen Cremeweiß und dunklem Orangerot, zwischen hart und schmelzend, kompakt und faserig. Die Geschmackseindrücke erstrecken sich von neutral oder fast geschmacklos über mild-aromatisch bis muskatwürzig, nussig und maronenartig.

Das Spektrum an Verwendungsmöglichkeiten verblüfft ebenfalls: süß-sauer einlegen ist nur eine Variante. Eine delikate Gemüsebeilage, die sich ohne großen Aufwand und in diversen Abwandlungen auf den Tisch bringen lässt, sind in der Pfanne gedünstete Kürbiswürfel oder Scheiben. Als herzhafte Suppe zubereitet oder als Bestandteil von Gratins und in jeglicher Form von Süßspeisen bieten die bunten Herbstgesellen erstaunliche Geschmackserlebnisse. Selbst roh für Salate oder zum Dippen eignen sich einige Sorten.

Die große Anzahl Kürbis-Kochbücher, die in den letzten Jahren in den Handel kam, trägt dem wachsenden Interesse an diesem Gemüse Rechung

„Eat-all", der Name einer der weit über 250 verfügbaren Sorten ist Programm für die ganze Kürbisfamilie. Das Allroundtalent in Bezug auf die Art der Zubereitung war für die Ureinwohner Amerikas ein universelles Lebensmittel: Außer dem Fruchtfleisch lieferten auch Samen, Blätter und Blüten schmackhafte Gerichte. Kürbisblüten haben, genau wie das Fruchtfleisch, vor kurzem Einzug in die Gourmetküchen und Kochbücher von Spitzenköchen gehalten.

Dass neben den rasch verderblichen Sommerkürbissen wie Zucchini und Squash auch die monatelang haltbaren Winterkürbisse zum Aufsteigergemüse der letzten Jahre wurden, liegt neben der Universalität auch an der wieder entdeckten Sortenvielfalt. Seitdem neben dem mächtigen 'Gelben Zentner' auch Delikatessen wie Hokkaido-, Buttercup- und Hubbard-Sorten den Markt erobert haben, vergrößert sich die Fan-Gemeinde der Kürbisliebhaber rasant. Kennt man außer dem Genusswert auch die zahlreichen Wirkungen für unsere Gesundheit, wird das einfach zu handhabende und dank der monatelangen Lagerfähigkeit rund ums Jahr verfügbare Gourmetgemüse schnell zum

Die ungeheure Sortenvielfalt trägt wesentlich zum kometenhaften Aufstieg der Gemüsekürbisse bei

selbstverständlichen Bestandteil des Speisezettels. Stillberaterinnen und Hersteller von Babykost haben die Vorzüge der Speisekürbisse ebenfalls entdeckt. Sie enthalten ähnlich viele Karotene wie Möhren, gelten bislang jedoch als völlig unbedenklich für allergiegefährdete Kinder. Da die besonders karotenreichen Sorten zugleich nussig-süß schmecken, essen Kleinkinder Kürbisgerichte gern.

Wer über ein Stück Garten verfügt oder einen sonnigen Balkon sein Eigen nennt, erlebt mit dem rasanten Blatt- und Fruchtzuwachs der Kürbispflanzen uneingeschränkte Gärtnererfolge. Sitzt die Pflanze erst einmal am richtigen Standort, verlangt sie außer gelegentlichen Wassergaben keine weitere Pflege. Das opulente Gewächs ist die geeignete Gartenbesetzung, wenn man mehr ernten als arbeiten will. Das üppige Grün, die großen, leuchtend gelben Blüten und später die farbintensiven Früchte verleihen der Pflanze geradezu Ziercharakter. Der Kürbis bringt Farbe ins Leben – und das nicht nur im Herbst!

Hintergrund

Tradition und Dekoration

Der „gewaltige Sohn der Erde", wie die alten Griechen den Kürbis bezeichneten, war zu allen Zeiten eine wundersame Pflanze. Dass ein derart opulent wucherndes Gewächs nicht in gemäßigten Klimazonen beheimatet ist, wird beim Vergleich der ungeheuren Blattmassen mit hiesigen Gartengewächsen offenkundig. Mit ihrem unglaublichen Farben- und Formenreichtum bringen die bunten Herbstgesellen Laune in den Garten und auf den Tisch. Dem kulinarischen Hochgenuss geht ein farbenfroher Augenschmaus voran.

■ Junges Gemüse mit alten Wurzeln

Auf heimischen Tischen ist der heutige Gemüsekürbis ein vergleichsweise junges Gemüse. Wie viele unserer Kulturpflanzen stammt auch der Kürbis aus Südamerika. Christoph Kolumbus (1451–1506) brachte ihn neben Kartoffel, Mais, Paprika, Tomate und Sonnenblume nach Europa. Allerdings verging geraume Zeit, bis die Europäer mit der ganzen Nutzungsbreite der Kürbisgewächse vertraut wurden.

Für die Ureinwohner Amerikas war der Kürbis zusammen mit Mais und Bohnen seit jeher ein „Mittel zum Überleben". Sie nutzten alles, was die Riesenbeere bot: Blätter, Blüten, Samen, Schale und etwas später auch das Fruchtfleisch, das anfangs noch zu viele Bitterstoffe enthielt.

Wie weit die Nutzung der Kürbisgewächse in der Menschheitsgeschichte zurückreicht, belegen archäologische Funde. Prof. Dr. Udelgard Körber-Grohne beschreibt in ihrem Standardwerk „Nutzpflanzen in Deutschland", dass Menschen bereits vor 12 000 Jahren Kürbissamen nutzten.

Die ungenießbaren Flaschenkürbisse waren seit jeher in Europa heimisch

Die in der Wüste wachsende Koloquinthe zählt zu den Kürbisarten, die auch heute noch extrem bitter schmecken

■ Europäische Kürbisse

Die europäischen Geschichtsschreiber und Botaniker berichten aber nicht erst seit Kolumbus' Rückkehr aus Amerika über Kürbisse. Wenn beispielsweise der römische Landwirtschaftsautor Columella oder seine Dichterkollegen Dioskurides und Plinius in der römischen Literatur um Christi Geburt den Kürbis erwähnten, meinten sie keinesfalls die Speisekürbisse (Gattung *Cucurbita*). Mitte des 1. Jahrhunderts gab es in Europa nur die aus der großen Kürbisfamilie stammende Gattung der Flaschenkürbisse (*Lagenaria*) und einige Vorformen der heutigen Gurken und Melonen (*Cucumis*).

Wie verbreitet die bei uns wildwachsende Rote Zaunrübe (*Bryonia cretica*) – eine heimische Wildkürbisart – damals schon war, geht aus den historischen Aufzeichnungen nicht hervor. Für manche Gärtner ist die anspruchslose Schlingpflanze lästiges Unkraut.

Verwirrender Sprachgebrauch

Der Sprachgebrauch macht es schwierig, die seit jeher heimischen Flaschenkürbisse, Gurken und Melonen von dem Einwanderer aus Amerika zu unterscheiden. Er erhielt dieselbe Bezeichnung: das althochdeutsche Wort „churbiz", abgeleitet vom lateinischen „cucurbita". Der Begriff veränderte sich mit Zeit: „kurbs", „korbs", „kürbse", „kabirz", „Kirbes" und „kurwes". Martin Luther sprach bereits von „kürbis".

Von der unklaren sprachlichen Trennung der Arten ließ sich selbst der schwedische Botaniker Carl von Linné (1707–1778) täuschen. Er reihte den europäischen Flaschenkürbis (*Lagenaria*) in dieselbe Gattung ein wie den amerikanischen Gemüsekürbis (*Cucurbita*) und nannte den Flaschenkürbis *Cucurbita lagenaria*, den Neuankömmling aus Amerika *Cucurbita pepo*. Erst dem französichen Botaniker Charles Naudin gelang es 1859 in seinen Schriften über Gurken und Kürbisse, den Irrtum aufzuklären.

Die aus Amerika stammenden Speisekürbisse haben gelbe Blüten, Flaschenkürbisblüten sind weiß

Botanische Feinheiten

Dass es so schwierig war, die neue Kulturpflanze richtig einzuordnen, liegt an der großen Ähnlichkeit mit den heimischen Verwandten. Leonhard Fuchs (1501–1566), süddeutscher Botaniker und Mediziner, beschreibt die europäischen Vertreter 1543 in seinem „New Kreuterbuch": „Kürbis wird bey den Griechen Colocyntha, bei den Lateinischen aber Cucurbita geheysen. (…) Die Blumen seind weiß." Dies trifft aber nur für Fla

Hintergrund

Zur Info

Kürbis-Geburtstag

Dass der Kürbis als kulinarische Köstlichkeit selbst Feinschmecker-Küchen erobern konnte, geht auf den 3. Dezember 1492 zurück.
An diesem Tag notierte Christoph Kolumbus in seinem Tagebuch die erste Begegnung mit dem imposanten Gewächs auf der Karibikinsel Kuba. Auch heute noch überraschen die üppigen Pflanzen jeden Gartenkundigen. Es gibt keine einjährige Pflanze, die in so kurzer Zeit einen derart opulenten Anblick bietet, und keine, die so ungeheure Blattmassen aus dem erst kurz zuvor gesteckten Samen hervorbringt.

schenkürbisse zu. Demzufolge hat er die gelb blühenden amerikanischen Kürbisse den Gurken zugeordnet, die ebenfalls gelbe Blüten tragen. Erst 1586 unterscheidet Petri Andreae Matthiolus exakt in einheimische Kürbisse mit weißen Blüten und indianische Kürbisse mit gelben Blüten.

Auch die Blätter zeigen große Unterschiede: Die heimischen Flaschenkürbisse fühlen sich samtig-weich an, die gelb blühenden Speisekürbisse haben kratzig-harte Blätter

■ Mystische Aura

Für Azteken und Mayas, die als Erste den Kürbis nutzten, war er neben Bohne, Mais und Maniok geradezu ein Über-Lebensmittel. Entsprechend viele Mythen rankten sich um die Pflanze. In ihren Götterlegenden waren Kürbisse die Regenmacher.

Kürbisse machen fruchtbar

Die neumexikanischen Pueblo-Indianer glaubten an die magische Kraft der Kürbisse und vollzogen deshalb an Neugeborenen einen Kürbisritus. Der Mutter nahestehende Frauen legten den Mädchen gleich nach der Geburt einen Kürbis auf den Unterleib, um so dessen Fruchtbarkeit auf das Kind zu übertragen.

Diese Fruchtbarkeitssymbolik findet sich aber auch in anderen Kulturen. In China mussten verheiratete kinderlose Frauen an einem bestimmten Tag im Jahr reichlich Kürbis essen, um im kommenden Jahr einem Kind das Leben schenken zu können.

Kürbisse fruchtbar machen

Umgekehrt gibt es allerlei Riten, die gewährleisten sollen, dass Kürbis-

pflanzen reichen Ertrag bringen. Verschiedenen alten Bräuchen zufolge sollen Frauen fähig sein, Kürbisse fruchtbar zu machen, in dem sie ihre eigene Fruchtbarkeit auf die Pflanze übertragen. So glaubte man, dass besonders pralle Früchte entstehen, wenn die Bäuerin sich beim Aussäen der Kürbissamen immer wieder auf die Erde setzt. Ein anderer Brauch besagt, dass die Samen so schnell aufgehen, wie Hexen auf den Blocksberg reiten, wenn junge Mädchen in der Walpurgisnacht ihr Unterhemd in der Erde des Kürbisfeldes vergraben.

Das Ziel, möglichst große Herbstriesen zu ernten, lässt sich dem Aberglauben zufolge noch mit anderen Methoden erreichen. Man muss beispielsweise die während der Kürbisaussaat am Acker vorbeigehenden Leute anlügen. Von Vorteil soll auch sein, wenn die oder der Aussäende einen großen Kopf hat. Mit täglichem Küssen der heranreifenden Frucht kann man ebenfalls enormes Wachstum bewirken. Ein weiterer Brauch rät, die Kürbissamen an Christi Himmelfahrt in einem möglichst großen Eimer in den Garten zu stellen, während die Abendglocken läuten. Dann reifen an den daraus wachsenden Pflanzen Kürbisse so groß wie der Eimer oder gar wie die Kirchenglocken.

Der Kürbis als Symbol

Dass das üppige Gewächs in verschiedenen Kulturen und Epochen Frucht-

Hintergrund

barkeit und Sexualität symbolisiert, hängt neben der Opulenz der gesamten Pflanze mit der prallrunden Form und dem Samenreichtum der Frucht zusammen.

Eine andere Deutung erfährt der Kürbis in der Spätgotik und im Barock. Die schnell wachsende Pflanze wurde zum Sinnbild des Vergänglichen: „Was schnell gewachsen ist, geht schnell zugrunde", leitete der Arzt und Humanist Joachim Camerarius (1500–1574) vom Kürbis ab. Auch sein Zeitgenosse Albrecht Dürer (1471–1528) band den Kürbis in eine Allegorie auf die Vergänglichkeit ein. Im Kupferstich „Hieronymus im Gehäus" weist neben Totenschädel und Sanduhr auch der Flaschenkürbis auf das Ablaufen des Lebens hin.

Der Kürbis als Schimpfwort

Nicht nur die negative Assoziation des Vergänglichen lastet auf dem knallbunten Gemüse. Die runde Frucht stand zu allen Zeiten für Dummheit. Die „Verkürbissung" als Metapher für Hohlköpfigkeit setzt Seneca der Jüngere (4 v. Chr.–65 n. Chr.) in seiner Satire auf den römischen Kaiser Claudius ein. Er verwandelt ihn nach dem Tod in die dem Kürbis verwandte Koloquinthe. Seneca's eindeutige Botschaft: Ein Trottel bleibt auf ewig ein Trottel, selbst wenn er zu Lebzeiten ein Kaiser war.

Ähnliche Parallelen finden sich in der klassischen Literatur: bei Johann Wolfgang von Goethe (1749–1832) in

Kunstvoll arrangierte 'Rouge Vif d'Etampes' im Blühenden Barock Ludwigsburg

Der Kürbis findet sich auch als direktes Objekt in der Literatur: als Aschenbrödels Kutsche in Grimms Märchen oder auf der großen Mondwiese in Peterchens Mondfahrt (Gerd von Basewitz)

vorsichtiger Andeutung, bei Friedrich von Schiller (1759–1805) in eindeutiger Klarheit. In seiner „Bürgschaft" heißt es: „Und schleudern elend durch die Welt,/ wie Kürbisse von Buben/ zu Menschenköpfen ausgehöhlt,/ der Schädel leere Stuben."

Auch andere Schriftsteller verwenden das Wort Kürbis, wenn der Kopf gemeint ist. Frank Wedekind (1846–1918) droht in seiner „Büchse der Pandora": „Wenn Sie mir (...) noch einmal unter die Augen kommen, schlage ich Ihnen den Kürbis zu Brei." Ebenso formuliert Erich Kästner (1899–1974) im Roman „Fabian": „Sie stehen alle mit der Axt hinter der Tür, um mir eines über den Kürbis zu hauen."

Der Kürbis als Kunstobjekt

Die Indianer verehren den für sie lebensnotwendigen Kürbis in ihrer Religion. Der Lebensspender lieferte außer Nahrung auch den Rohstoff für Löffel, Kellen und Vorratsgefäße, solange es keine Keramik gab. Der Kürbis behielt selbst dann noch seinen Stellenwert, als Tonbrennen gebräuchlich wurde. Bis die in der alten Welt zum Gefäße drehen nötigen Töpferscheiben auch in Amerika zum Einsatz kamen, formte man den Ton um formschöne Kürbisse. Sie zerfielen beim Brennen zu Asche, das Tongefäß war fertig.

Vom Gebrauchs- zum Kunstobjekt war der Weg nicht weit. Der Kürbis findet sich in berühmten Gemälden: in „Stilleben mit Kürbissen" des Niederländers Jan Anton van der Baren, in Guiseppe Archimboldos Herbstallegorie, in Albrecht Dürers Allegorie auf die Vergänglichkeit.

Auch in der Musik hat der Kürbis seinen festen Platz. Flaschenkürbisse sind Bestandteile von Musikinstrumenten, beispielsweise als Klangkörper bei der Marimba, ei-

Aufwendige Kürbisfiguren fehlen bei keinem Kürbisfest

ner Art Xylophon der Afrikaner und der Lateinamerikaner. Auch die orgelähnliche Ambira setzt sich aus Flaschenkürbissen zusammen. Für einige Saiteninstrumente dient der Kürbis ebenfalls als Klangkörper.

Aus der Frucht selbst ein kleines Kunstwerk zu schaffen, versuchen zahlreiche Kürbisfreunde anlässlich von Kürbisfesten. Kunstvolle Figuren aus Kürbissen und anderen Gartenfrüchten, fein ziselierte Kürbisschnitzereien, aufwendig bemalte Kürbisse oder durch Ritzen vor der Vollreife verzierte Exemplare präsentieren sich als zeitgebundene beziehungsweise vergängliche Alltagskunst.

■ Feste rund um den Kürbis

Obst- und Gemüsearten, die aus unserem Leben nicht mehr wegzudenken sind, finden auch Eingang in das kulturelle Leben in Form von Festen und Feierlichkeiten. Je nachdem, welche Gartenfrucht eine Region prägt, feiern die Menschen Weinfeste, Erdbeerfestivals, Zwiebel- und Radieschenfeste, Paprika- beziehungsweise Chilifeste oder Blütenfeste zu verschiedenen Obstarten. Aber kein Fest, das mit einer Gartenfrucht zusammenhängt, ist so international und weithin bekannt wie das Kürbisfest „Halloween".

Traditionelle Kürbisfeste

Als ältestes Kürbisfest, noch lange vor „Thanksgiving" oder Erntedank,

Er schmeckt zwar fad, aus dem 'Gelben Zentner' lassen sich dafür riesige Kürbisgeister schnitzen

gilt Halloween, gefeiert in der Nacht zum 1. November. Es geht auf das keltische Semainfest zurück. Die Kelten feierten in dieser Nacht Neujahr als den Übergang von der warmen zur kalten Jahreszeit. Aus dem keltischen Semain entwickelte sich nach der Christianisierung das Kirchenfest Allerheiligen.

Trotz aller Bemühungen, den an Semain geknüpften Geisterglauben zu bekämpfen, hielt sich die Verbindung von Allerheiligen und Geisterwelt hartnäckig. Die Kelten hatten geglaubt, dass in dieser Nacht das Totenreich offen steht, sodass jüngst Verstorbene in die Unterwelt eingehen können. Aber auch lange Verstorbene fanden in der Semainnacht ins Reich der Lebenden zurück, um Unheil zu stiften. Dagegen sollten Opferfeuer und abschreckende Gewänder helfen. Noch heute verkleiden sich Kinder an Halloween und betteln um Süßigkeiten – eine Anlehnung an den Brauch, Essensgaben vor die Haustür zu stellen, um herumirrende Geister davon abzuhalten, ins Haus und damit ins Leben einzudringen.

Das heutige Wort „Halloween" leitet sich ab vom englischen Begriff „all-hallows" für Allerheiligen oder von der Nacht davor („all-hallows eve")

Dass der Kürbis so eng an Halloween geknüpft ist, geht auf eine irische Sage um den gewitzten Lebenskünstler Stingy Jack zurück. Nach seinem Tod geisterte er, von Himmel und Hölle verlassen, mit einer ausgehöhlten, von einer Kohle erleuchteten Futterrübe durch die Welt. Aus

diesem „Jack of the Lantern" wurde „Jack o'Lantern" und aus der Rübe ein Kürbis. Heute gibt es vorwiegend Kürbisgeister, also zu Fratzen geschnitzte Kürbisse. In manchen Regionen herrschen aber immer noch Futterrüben-Laternen vor, um die bösen Geister in der Halloween-Nacht zu vertreiben.

Nicht als Geister vertreibende Fratze, sondern als unabdingbares Festtagsgericht kommt der Kürbis beim amerikanischen Erntedankfest zu Ehren. Der „Thanksgiving Day" wird jeweils am vierten Oktoberdonnerstag gefeiert. Er geht auf den Ankunftstag der englischen Siedler zurück, die im November 1620 mit dem Auswandererschiff „Mayflower" in Neuengland ankamen. Die Urbewohner zeigten ihnen, wie man mit den Landesspeisen Kürbis und Mais überleben kann. Seither gehören Kürbis- und Maisgerichte zum Erntedankfest.

Moderne Kürbisfeste

Außer „Halloween" und „Thanksgiving Day" veranstalten die US-Amerikaner auch diverse Kürbisfestivals in ihren Hauptanbauzonen. Am bekanntesten ist der Wettbewerb um den weltgrößten Kürbis, das „World Pumpkin Confederation Weigh-Off". In Kanada richtet die Stadt Waterford in Ontario das größte Kürbisfest aus.

Aber auch die alte Welt feiert den Kürbis. Nördlich der Alpen hält die belgische Stadt Tourinnes St. Lambert jährlich am zweiten September-Sonntag den 1980 erstmals eingeführten Kürbismarkt „Foire aux potirons" ab. Jüngeren Datums ist das Kürbisfest der badischen Gemeinde Offenburg-Windschläg. Das „Dorf der 1000 Kürbisse" schmückt sich Mitte September mit auffallenden Kürbisfiguren, den Abschluss bildet die Prämierung der ideenreichsten Schöpfungen.

Südlich der Alpen pflegen vor allem italienische Kommunen die Tradition der Kürbisfeste. Eine besondere Augenweide bietet die Stadt Venzone im norditalienischen Friaul immer am letzten Sonntag im Oktober: Die Wahl des Kürbisbürgermeisters eröffnet den Reigen historischer Festakte, die in entsprechenden Kostümen in der malerischen Altstadt stattfinden. Es gibt Speisen nach mittelalterlichen Rezepten und passende Kürbisdekorationen.

In Mantua wird das alljährliche Kürbisfest bereits im September veranstaltet. Es hat dort eher Messecharakter. Neben umfangreichen Sortenausstellungen gibt es zahlreiche Fachveranstaltungen und allerlei Kürbisgerichte zum Ausprobieren.

Vor über 20 Jahren initiierte Preding, das Zentrum des steirischen Ölkürbis-Anbaus, ein Kürbisfest. Nur alle drei Jahre findet dabei die Wahl des Kürbisbürgermeisters statt, die nächste im Jahre 2002 zur 800-Jahr-Feier der Gemeinde. Seit 1993 feiert die Kommune Retz im niederösterreichischen Weinviertel ihr Kürbisfest.

Unter dem Motto „Hallo Wien" feiert die österreichische Hauptstadt in Döbling jährlich ein ausgelassenes Halloween-Fest. Im Mittelpunkt stehen Kürbisgeister und Kürbisdekorationen

Hintergrund

Kürbisfeste im deutschen Sprachraum

Land	Veranstaltung
Österreich	*Ritzlhofer Kürbisfestival*
	Kürbisiade
	Kürbisfest/Kürbisbürgermeister
	Kürbisfest im Retzerland
	KürWiesTage Kultur & Genuss
	Kürbisfestival im Laventtal
Schweiz	*Kürbisnacht*
	Kürbisausstellung
Deutschland	*Kürbisausstellung*
	Kürbisfest am Hohenzollernplatz
	Meroder Kürbismarkt
	Lehniner Kürbisfest
	Samen-/Pflanzenmarkt und Kürbisausstellung
	Dorf der 1000 Kürbisse
	Kürbisfest im Erlebnisgarten Siegertsbrunn
	Kürbisausstellung im Botanischen Garten
Italien	*Kürbiswochen im Thunerhof*

Ort	Zeitraum	Info
Haid bei Linz	Anfang Oktober	Fachschule Ritzlhof
		Fax 0043 (0) 72 29 883 12 10
Ludersdorf/Gleisdorf	Mitte September	Erika Seidl
		A-8200 Ludersdorf 33
Preding	Mitte September	Bürgermeisteramt
	Mitte bis Ende Oktober	Tel. 0043 (0) 318 52 22
Retz	Anfang Oktober 2000, 2002, ...	Tel. 0043 (0) 294 22 00 10
Wies/Steiermark	Anfang September bis	Versuchsstation Wies
	Anfang Oktober	Tel. 0043 (0) 34 65 24 23
Wolfsburg	letzter Freitag im Oktober	Bartlbauer
		Tel. 0043 (0) 435 25 15 46
Grenchen	letztes Wochenende im September	Iris Minder
		Tel. 0041 (0) 326 52 87 15
Küssnacht/Rigi	Anfang September bis Ende Oktober	Ulrich Landschi
		Tel. 0041 (0) 41 850 14 93
Seegräben	erfragen	Jucker Farmart
		Tel. 0041 (0) 1 972 29 66
Berlin	Ende September	Christoph Blank
		Tel. (030) 803 90 17
Langerwehe-Merode	Mitte bis Ende September	Kriegers Gärtnerhof
		Tel. (02 42) 31 53 0
Lehnin	Mai, September/Oktober	Institut für Kunst
		Tel. (0 33 82) 70 10 14
Linden	Mitte September	Kürbiserie Vogler
		Tel. (0 64 03) 712 76
Offenburg-Windschläg	Ende September	Eduard Birk
		Tel. (0 78 05) 41 67
Siegertsbrunn bei	Oktober	Anton Rüttinger
München		Tel. (0 81 02) 38 05
München	Ende Oktober bis Mitte November	Tel. (089) 178 61 31 0
Schenna/Südtirol		Gräfin Spiegelfeld
		Tel. 0039 (0) 47 39 45 63 0

■ **Dekorieren mit Kürbissen**

Kürbisse schmücken den Garten nicht erst im Herbst, wenn die mächtigen Früchte wie von Riesen verteilte Murmeln auf den Beeten liegen oder die bunten Kugeln kleinfrüchtiger Sorten die langen Ranken wie Perlenschnüre besetzen. Bereits im Sommer beeindruckt die üppige, von Vitalität strotzende Blattmasse, die sich Meter für Meter durch den Garten schiebt. Auch die buschig wachsenden Zucchinipflanzen wirken attraktiv. Die silbrig gesprenkelten Blätter können bei einer Zierpflanze nicht schöner ausfallen. Die großen, leuchtend gelben Blüten der Kürbisgewächse ziehen jeden Blick auf sich. Wenn die einjähri-

ge Pflanze aus dem Garten verschwunden ist, lässt sich mit den haltbaren Früchten ein Augenschmaus in Haus und Hof bereiten. Zugleich bieten die farbenprächtigen Riesenbeeren die Möglichkeit, mit und für Kinder kreativ zu werden.

Haus und Hof dekorieren

Kürbisse sind Stubenhocker. Im Freien mögen sie nur liegen, wenn sie einen trockenen Platz an der Sonne haben. Dann härtet sich ihre Schale noch mehr und sie lassen sich länger lagern. Sobald die Nächte kühl und feucht werden, gehören die Kürbisse, die für den Wintervorrat bestimmt sind, ins Trockene – aber möglichst nicht unter 15 °C. Im Freien bleiben

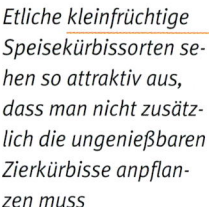

Etliche kleinfrüchtige Speisekürbissorten sehen so attraktiv aus, dass man nicht zusätzlich die ungenießbaren Zierkürbisse anpflanzen muss

Hintergrund

Das Farbspiel der Kürbisse harmoniert gut mit dem herbstlichen Blumenschmuck

können die dekorativen Exemplare, die für die Halloween-Schnitzerei vorgesehen sind oder die bald in den Kochtopf wandern.

Wer eine große Ernte von zahlreichen Sorten sein Eigen nennt, kann die Kürbisse nach Farbgruppen sortiert auslegen oder nach der Form zusammen stellen. Auch eine kunterbunte Mischung in Flechtkörben, auf Holzkarren, dekorativen Gestellen oder Strohballen bietet ein reizvolles Herbstdebüt.

Tischkärtchen beziehungsweise Namensschilder in Form von beschrifteten Kürbissen verleihen der herbstlichen Tafel eine eigene Note

Zur Info

Zierkürbis-Vielfalt

Unter den Speisekürbissen gibt es verschiedene kleinfrüchtige Sorten, die jedem reinen Zierkürbis den Rang ablaufen. Zu diesen Schönheiten zählen der grün-weiß gesprenkelte 'Sweet Dumpling', der knallgelbe 'Jack be Little' und die spitz zulaufenden 'Acorn'-Vertreter. Unter den übrigen in der Übersicht auf Seite 21 aufgezählten Sorten finden sich fast ausschließlich Augenweiden. Dank ihrer handlichen Größe eignen sie sich für Schmuckschalen, Gestecke und floristische Arrangements.

Die meisten Zierkürbissorten gehören der Gattung der Flaschenkürbisse (Lagenaria) an. Mini-Kalebassen fallen durch den extrem langen Hals auf. Sie lassen sich ausgehöhlt auch als Vasen oder Getränkebehälter nutzen. Besonders apart wirkt 'Marenka', ein dunkelgrüner Flaschenkürbis mit kraterartiger Oberfläche. Beliebt sind Sortimente von gelben, orangen oder weißen Kugeln, Züchtungen mit warziger Schale und die ausgefallenen Kronen- oder Krallenkürbisse. Die bis zu 10 cm langen Auswüchse sind gleichmäßig wie die Zacken einer Krone angeordnet. Die ebenfalls als Zierkürbisse gehandelten Mini-Turban-Sorten zählen zur Art der essbaren Riesenkürbisse. Der leuchtend orangerote, warzige 'Wendehals' dient ausgereift als Zierkürbis, jung geerntet schmeckt dieser Speisekürbis zart nussig.

Raum- und Tischschmuck arrangieren

Zu einer herbstlichen Einladung, wenn gar ein Kürbisgericht auf der Speisekarte steht, passt nichts besser als eine Tischdekoration mit Kürbissen. Lose verteilte kleine Kürbisse oder Arrangements mit anderen Herbstfrüchten benötigen wenig Zeit, wirken natürlich und lassen sich, ohne die Mülltonne zu belasten, über den Kompost entsorgen. Zierende Speisekürbisse wie 'Jack be Little' kann man selbstverständlich über den Kochtopf „beseitigen".

Natürlich dienen Kürbis-Kompositionen auch für langlebigere Tischdekorationen. Einfach in mit Stroh gefüllte Flechtkörbe gelegt oder auf Metall- und Holzgestelle angeordnet, auf Biberschwanz-Ziegel drapiert, in Farbgruppen auf Schieferplatten, Sandsteinblöcke oder in Tonschalen arrangiert, im Regal, auf der Fensterbank oder dem Büffet – der Ideenvielfalt sind keine Grenzen gesetzt.

Stimmungsvoll wirken auch Kombinationen von Kürbissen mit farblich abgestuften Blumen und Früchten. Je nach Kürbissorte vervollkommnen Efeublätter, buntes Herbstlaub, Hagebutten, Mispeln, Kastanien, Zierquitten, Äpfel, Vogelbeeren und Maiskolben die farbensprühende Herbstsinfonie.

Sträuße und Kränze gestalten

Mit etwas mehr Aufwand und Fingerfertigkeit als man für lose Arrange-

Hintergrund

TIPP

Zierkürbisse tragen meist nur kleine, leichte Früchte. Sie eignen sich als Kletterpflanze am Rankgerüst, beispielsweise als aparter Sichtschutz zum Nachbarbalkon oder als auffälliger Zaunbewuchs.

ments benötigt, lassen sich Gestecke, Sträuße oder Kränze herstellen. Neben den Garten- und Wildfrüchten des Herbstes passen dazu auch die um diese Zeit noch blühenden Garten- und Feldblumen: Kissenastern, Herbstastern, Chrysanthemen, Efeublütenstände, Rainfarn, Strohblumen, späte Sonnenblumen und Kräuter-Fruchtstände.

Mit Drähten oder Schaschlikspießen fixiert wirken kleine Kürbisse dazwischen überaus apart. Man kann aber auch einfach etwas größere Kürbisse aushöhlen, ein mit Wasser gefülltes Glas hinein stellen und in dieser Kürbis-Blumenvase einen bunten Herbststrauß arrangieren. Als zusätzliche Dekoration eignen sich alle natürlichen Materialien wie Sackleinen, Bast, Baumwoll- und Leinenbänder.

Kürbisse aushöhlen

Die runde Form vieler Kürbissorten verleitet dazu, daraus Geisterköpfe oder lustige Fratzen herzustellen. Vorteil des Aushöhlens: mit einer brennenden Kerze bestückt wirken die Kunstwerke auch im Dunkeln dekorativ.

Seine Form, Größe und Festigkeit prädestinieren den Ölkürbis zum Aushöhlen. Das Fleisch ist ohnehin kaum genießbar, die Kerne, auf die es bei dieser Sorte ankommt, kann man dagegen sehr gut nutzen

Es gibt verschiedene Grundmuster, wenn es darum geht, einen Kürbiskopf zu gestalten. Zunächst muss man sich entscheiden, ob der Stiel als Nase dienen soll oder nach oben beziehungsweise unten ragt. Der Vorgang des Aushöhlens bleibt aber immer derselbe:

- einen Deckel (auf der Ober- oder Unterseite) abschneiden, sodass man den Kürbis gut aushöhlen kann
- die Kerne herauskratzen, das Fruchtfleisch mindestens 1,5 cm dick stehen lassen
- die gewünschte Gesichtsform auf die Schale zeichnen
- das Muster mit einem spitzen Messer ausschneiden oder mit einem Stanzeisen ausstechen.

Soll ein klassischer Halloween-Kürbiskopf entstehen, braucht man eine rundliche bis ovale Frucht, am besten einfarbig gelb, orange oder ockerbraun, idealerweise um 5 kg schwer (siehe Übersicht Seite 19).

Kürbisse bemalen

Die wohlschmeckenden Sorten 'Blauer Ungarischer', 'Weißer Gartenkürbis' und 'Muskatkürbis' eignen sich in Bezug auf Form und Schalenbeschaffenheit ähnlich gut zum Aushöhlen wie der mäßig schmeckende 'Gelbe Zentner' oder die noch geschmacksneutraleren Sorten 'Siamkürbis', 'Pepita', 'Evergreen', 'Baby Bear', 'Jack o'Lantern' und der nahezu ungenieß-

Orangefarbene Halloween-Kürbissorten zum Aushöhlen

Sorte	Gewicht in kg
Apallachian	6–8
Autumn Gold	3–5
Big Autumn	5–15
Frosty	7–9
Funny Face	5–10
Gold Strike	7–10
Halloween	7–12
Howden	4–15
Ichabod	7–15
Jack o'Lantern	3–7
Longface	7–14
Magic Lantern	6–10
Montana Jack	4–7
Racer	5–7
Rocket	5–9
Spirit	4–6
Tallman	7–10
Tom Fox	5–10

bare Ölkürbis. Aber eigentlich sind aromatische Kürbisse viel zu schade zum Aushöhlen. Hier bietet es sich an, sie so zu dekorieren, dass sie trotzdem für den Kochtopf nicht verloren sind: mit lebensmittelechten Farben.

Kindern macht es besonders viel Spaß, auf die kugeligen Gesellen lustige Gesichter oder abschreckende Fratzen zu malen. Am besten heben sich klare Farben wie Blau, Schwarz, Weiß und Rot von den meist bräunlichen, gelben, orangen oder ockerfarbenen Kürbissen ab. Mischtöne und Modefarben wie pink, neongelb, türkis oder lila harmonieren dagegen weniger mit den irdenen Herbsttönen der Kürbisgewächse.

Je nach Motivgröße kann man Fingerfarben mit den Fingern auftragen oder mit etwas Wasser verdünnt mit einem Pinsel arbeiten. Wer sich eine klare Linienführung nicht zutraut, sollte das gewählte Motiv mit einem Filzstift vorzeichnen. Will man einen bestimmten Gesichtsausdruck erzielen, bietet es sich an, die Wirkung zunächst anhand von Skizzen auf Papier auszuprobieren.

Kürbisfiguren herstellen

Was der Schnee im Winter ermöglicht, bietet der Kürbis im Herbst: das Material für große Figuren, also Schneemänner beziehungsweise Kürbiskavaliere. Solche bis zu lebensgroßen Kürbispuppen kann man nach dem Schneemann-Grundmuster aus drei verschieden großen, rundlichen Kürbissen aufbauen. Mit Hilfe von Draht oder Holzstäben lassen sie sich stabil verbinden. Besonders wirkungsvoll gerät der Kopf, wenn man ihn so aufsetzt, dass der Stiel zur Nase wird. Kastanien oder Walnüsse eignen sich gut als Augen. Fehlt der Stiel oder dient er als Schopf, passen Möhre und Rettich als Nase. Alternativ schnitzt man ein Gesicht oder malt es auf. Als Arme bieten sich zu groß gewachsene Zucchini an.

Kürbisskulpturen müssen aber nicht ausschließlich menschliche Figuren darstellen. Auch Fantasie- und Fabelwesen, Tiere, Alltagsgegenstän-

Eine Fülle an Ideen für kreatives Gestalten mit Kürbisfiguren liefern die Kürbisfeste in Offenburg-Windschläg und Wies in der Steiermark (siehe Übersicht Seite 14)

Hokkaido-Kürbisse vernarben besonders gut; Schriftzüge erscheinen entsprechend wirkungsvoll

also 3 bis 4 Wochen vor der Vollreife. Für die originelle Verzierungstechnik braucht man nur einen Nagel, um den geplanten Schriftzug 2 mm tief in die Oberhaut zu ritzen. Namen, ornamentale Muster oder einzelne Herzen und Sterne lassen sich auch mit Ausstechformen zum Backen mit einem kleinen Hammer vorsichtig 2 mm tief in die Kürbisschale klopfen. Sie wirken gleichmäßiger als von Hand geritzte Buchstabenfolgen oder Symbole.

■ Kürbisspaß für Kinder

Kürbisse schnitzen, bemalen oder lustige Figuren machen ist Jahr für Jahr ein beliebter Bastelspaß für Kinder. Es gibt aber noch mehr Möglichkeiten, sie mit dieser besonderen Gartenfrucht vertraut zu machen. Als Einstieg bietet sich das kindgerecht illustrierte Bilderbuch „Violet und der Kürbis" von Ulla Neumann und Erica Bänziger an. Es erzählt die Geschichte der Freundschaft zwischen dem einsamen Huhn Violet und einem Gartenkürbis. Dazwischen eingestreut regen Rezeptseiten zum Umgang mit dieser alten Gemüseart an.

de oder ganze Szenen können mit diesem Gemüse nachgestellt werden.

Kürbisse ritzen

Wird die vor der Vollreife noch weiche Haut der Kürbisse verletzt, verkorken die betroffenen Stellen. Die Frucht wächst weiter, ohne zu faulen. Diese Eigenschaft kann man sich zunutze machen und Figuren, Muster, Symbole, Firmenlogos, Namenszüge oder Grußworte in die Haut ritzen. Sie zeigen sich bei der Ernte als braungraue Korklinien auf der ausgehärteten Kürbisschale. Der beste Zeitpunkt liegt gegen Ende des Volumenzuwachses,

Kürbisgeschirr basteln

Sich nach Pfadfinder- oder Indianermanier selbst das Essgeschirr herzustellen, hat einen besonderen Reiz für Kinder. Kleinfrüchtige Kürbissorten eignen sich ideal dafür. Je nach gewünschter Größe des Gefäßes, das entstehen soll, bieten sich verschie-

Hintergrund

ne Sorten an (siehe Übersicht unten). Natürlich kann man auch ausgewachsene Squash-Früchte, zu groß gewordene, bereits hartschalige Zucchini oder runde Vertreter der nicht essbaren Zierkürbisse verwenden.

Basteln mit Kürbiskernen

Wer bereits eine Kette aus Apfel- oder Birnenkernen gefertigt hat, wird mit den deutlich größeren Kürbiskernen keine Mühe haben. Mit einer nicht zu

dicken Stopfnadel lassen sich die Samen problemlos durchstechen – vorausgesetzt sie sind noch nicht zu alt. Völlig trockene Kerne können zu zäh und hart sein, wenn es sich um normale Sorten mit der üblichen dicken Schale handelt. Natürlich kann man sich auch an gekauften, geschälten Kürbiskernen versuchen, sollte dann aber eine spitze, relativ feine Nadel verwenden, damit die dünnen Samen nicht entzwei brechen. Als Faden genügt reißfester Zwirn.

Kürbiskerne passen auch zu Samenbildern, also mit verschiedenen Körnern gestalteten Darstellungen. Sie fügen sich harmonisch ein in Arrangements von Sonnenblumenkernen, Weizenkörnern, Senfsaat, Apfelkernen, Pfefferkörnern, Bohnenkernen, Linsen und Trockenerbsen.

Die kleinsten Speisekürbisse

Sorte	Gewicht in g
Munchkin	100–200
Sweet Pie	100–200
Mandarin	200–300
Rolet	200–500
Wee be Little	300–500
Jack be Little	200–800
Goldapfel	200–900
Baby Boo	200–600
Sweet Dumpling	300–900
Bush Fire	400–600
Gold Nugget	400–600
Zapallito	400–700
Table Gold	400–1200
Little Lantern	500–1000
Snackjack	500–1000
Spooktacular	500–1000
Heart of Gold	500–1500
Autumn Queen	500–1500
Baby Bear	500–1500
Futsu Black Rinded	500–1500
Jaspee de Vendee	500–1500
Winterhorn	600–1500
Baby Pam	800–1500

Farbige Kürbiskerne eignen sich als Spielsteine für Brettspiele wie „Mensch ärgere dich nicht" und beschriftete für selbstentworfene Würfelspiele

Hintergrund

Bunte Kürbisketten

Die ungeschälten, hellen Kürbissamen lassen sich leicht mit wasserfesten Stiften anmalen. Auf einem Zwirnfaden aufgereiht, ergeben sie farbige Ketten oder Serviettenringe.

Wer über viel Geduld, Fantasie, ruhige Hände und Geschick verfügt, kann Kürbiskerne auch mit Mustern bemalen oder winzige Gesichter gestalten. Die Minigemälde ergeben, lose auf eine einfarbige Serviette gestreut, um den Teller drapiert oder auf einem jungen Kürbisblatt beziehungsweise entlang einer Ranke arrangiert, einen ausgefallenen Tischschmuck.

Kürbisspiele

Kerne kann man das ganze Jahr für Spiele verwenden, Kürbisse selbst sind meist nur begrenzte Zeit verfügbar, obwohl sie sich je nach Sorte sogar länger als 12 Monate lagern lassen. Ein Beispiel für ein Spiel mit den bunten „Riesenmurmeln" ist der Wettbewerb im Kürbisrollen. Welches Kind kann am schnellsten einen Kürbis nur mit einem Löffel geschickt zu einem bestimmten Ziel rollen?

Mit Kernen lässt sich ebenfalls ein Geschicklichkeitsspiel veranstalten. Gewonnen hat, wer innerhalb einer vorgegebenen Zeit am meisten Kerne mit einer Stecknadel aufgespießt und von einer in die andere Schale befördert.

Schnecken lieben Kürbiskeimlinge und fressen die Delikatesse über Nacht kahl. Diese Enttäuschung sollte man nicht nur den Kindern ersparen und an Schneckenschutz denken

Gartenfreuden erleben

Kaum ein Gartengewächs eignet sich so gut, vor allem Kinder für das Gärtnern zu begeistern wie der Kürbis. Die großen Samen können ihre noch ungeschickten Hände problemlos in Anzuchttöpfchen oder direkt in die Gartenerde stecken. Ihre Geduld wird kaum strapaziert, denn Kürbisse keimen bei Zimmertemperatur in wenigen Tagen. Es ist ein stattlicher Keimling, der sich aus der Erde schiebt und schon nach 3 bis 4 Tagen sind die zwei Keimblätter so lang wie der Daumen.

Aber natürlich haben auch Erwachsene ihre Freude an diesen unkomplizierten Pflanzen. Stehen sie warm, kann man sie beinahe wachsen sehen. Sind keine Frostnächte mehr zu erwarten, kommt die junge Kürbispflanze ins Freie: in einen großen Blumenkübel auf den Balkon oder in kompostreiche Gartenerde. Wichtig ist, dass das Gewächs die sonnigste Stelle bekommt und das Gießen nicht vergessen wird.

Je nach Sorte und Versorgung schiebt das Gartenwunder 5 bis 15 m lange Ranken, bis das Wachstum im Oktober abschließt. Die Blätter erreichen teilweise die Größe eines Schachtdeckels, die knallgelben Blüten können Tellergröße haben. Es fasziniert nicht nur Kinder, wenn dicke Hummeln und emsige Bienen die Blüten anfliegen, im tiefen Kelch verschwinden und gelb bepudert weiter ziehen. Hat man eine Zucchini-Sorte gewählt, kann man schon kurz nach Öffnen der Blüte ernten. Bei den lagerfähigen Speisekürbissen dauert es 3 bis 4 Monate, ehe die Frucht voll ausreift. Um Kindern das Warten auf die Ernte zu verschönern, kann man sie ihren Namen in die Kürbishaut ritzen lassen.

Hintergrund

Wer es schafft, Kinder mit dem Kürbis von A bis Z bei der Stange zu halten, kann ihnen den gesamten Wachstumszyklus von der Aussaat bis zur Ernte vor Augen führen

Ein kleiner Lattenrost unter der Frucht bewahrt vor Fäulnis. Zudem sollte man die „Zöglinge" vor Schnecken und Mäusen schützen, bis die Schale hart wird.

Die Ernte bildet dann den krönenden Abschluss. Dabei müssen mindestens 5, besser 10 cm Stiel an der Frucht stehen bleiben, damit Fäulnis-erreger keine Eintrittspforte finden. Als Traggriff eignet sich der Stiel aber nicht. Er reißt leicht aus und die Fäulnispilze haben freien Zugang.

Nun muss nur noch die Entscheidung fallen, was mit der Gartenfrucht passiert: aushöhlen, bemalen, schmücken – und letztendlich die Frage: wie zubereiten?

Sorten und Anbau

Sorten und Anbau

Kürbisse für Garten und Balkon

Nur wenige Gemüsearten stellen so wenig Ansprüche an die pflegende Hand des Gärtners wie Kürbisse. Sind die Jungpflanzen den Schnecken entwachsen, kann man sie – je nach Kulturziel und Standort – bis zur Ernte sich selbst überlassen. Vergleichsweise einfach ist auch die erfolgreiche Lagerung bis zur neuen Ernte. Wer erst einmal für seinen Geschmack die richtigen Sorten gefunden hat, wird das Aufsteigergemüse in Garten und Küche nicht mehr missen wollen.

D as Pauschalurteil „Kürbisse schmecken nicht" ist kaum aussagekräftiger als die Aussage „Äpfel schmecken nicht". Genauso wenig wie es *den* Apfel gibt, gibt es *den* Kürbis. Die nahezu 250 in Deutschland erhältlichen Kürbissorten variieren nicht nur in Form, Farbe, Größe und Wuchseigenschaften – ihre Geschmackswelt präsentiert sich ähnlich vielfältig.

15 % des Gemüses, das weltweit auf den Markt kommt, gehört zur Familie der Kürbisgewächse: Gurken, Melonen und Speisekürbisse, davon ein beachtlicher Anteil Zucchini

■ Das Reich der Kürbisgewächse

Die Familie der Kürbisgewächse (Cucurbitaceae) umfasst 118 Gattungen. Nur zwei davon – Flaschenkürbis und Zaunrübe – stammen ursprünglich aus Europa. Die 118 Gattungen beherbergen über 800 Arten, die unterschiedlichste Lebensräume besiedeln. Fast noch vielseitiger als die Lebensbedingungen zeigen sich aber die Wuchstypen und Fruchtformen der einzelnen Arten. Die bekanntesten Gattungen der Kürbisfamilie sind neben den Speisekürbissen die Gurke, die Melone, die Stachelmelone (Kiwano), die Schwammgurke, der Flaschenkürbis (Herkuleskeule), die Wachsgurke, die Koloquinthe und die Spritzgurke.

Kürbisarten im Überblick

Die Gattung der Kürbisse untergliedert sich in 20 Arten. Nur drei davon spielen für den Kürbisanbau eine Rolle:

- ■ Gewöhnlicher Kürbis
  (Cucurbita pepo)
- ■ Moschuskürbis
  (Cucurbita moschata)
- ■ Riesenkürbis *(Cucurbita maxima)*.

Die Sorten innerhalb der drei Arten sehen so verschiedenartig aus, dass die systematische Zuordnung nur anhand des Stielansatzes möglich ist:

Pepo-Kürbisse haben einen harten, krautigen, deutlich von der

Zwischen Zierkürbisse eingestreute Speisekürbisse

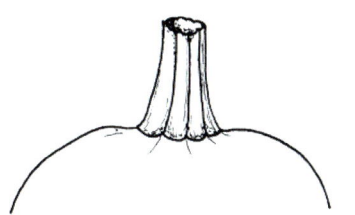 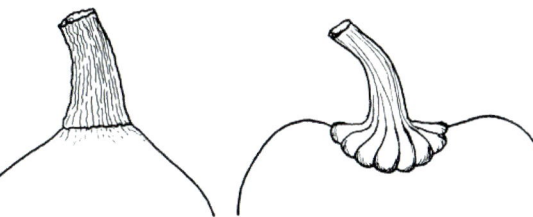

Frucht abgegrenzten Stiel. Der Stiel der Moschuskürbisse ist ebenfalls hart, zeigt aber nur wenig Furchen und hat eine verbreiterte Stielbasis. Der runde Stiel der Maximakürbisse fühlt sich weich an und geht in Form von feinen Korkzellen in die Frucht über.

Jede dieser drei Kürbisarten vereint so viele unterschiedliche Sorten, dass es neben der botanischen Systematik noch eine Unterscheidung nach Erntereife und Lagerfähigkeit gibt. Die Gruppe der Sommerkürbisse umfasst – unabhängig von der Art – Früchte aller Sorten, die bereits im Jugendstadium kurz nach der Blüte geerntet werden und sich nur etwa eine Woche aufbewahren lassen. Prominenteste Vertreter der Sommerkürbisse sind Zucchini, Rondini und Squash (Patisson). Zur Gruppe der Winterkürbisse zählen alle Sorten, die man erst bei Vollreife pflückt. Von der Blüte bis zur Ernte vergehen dabei fast 4 Monate. Gut ausgereifte, unverletzte Exemplare halten sich je nach Sorte 3 bis 24 Monate.

Sortenzugehörigkeit

Die umfangreichste der drei Arten, der Gewöhnliche Kürbis, umfasst

Die einzelnen Kürbissorten kann man anhand ihres Fruchtstielansatzes unterscheiden.
Links: Cucurbita pepo (z.B. Zucchini, Patisson),
Mitte: Cucurbita maxima (z.B. Hokkaido, Gelber Zentner),
Rechts: Cucurbita moschata (z.B. Muskatkürbis, Butternut)

über 400 Sorten, darunter den Ölkürbis *Cucurbita pepo* var. *stryriaca* mit verschiedenen Zuchtformen. Sein ungenießbares Fruchtfleisch dient allenfalls als Viehfutter. Genutzt werden dagegen die bei dieser Sorte schalenlosen Samen, die unverarbeitet als Kürbiskerne oder abgepresst als Kürbiskernöl in den Handel kommen.

Zur Art der Gewöhnlichen Kürbisse zählen auch der klassische Halloween-Kürbis 'Jack o'Lantern', die Besonderheit 'Spaghettikürbis' und die kleinfrüchtigen, schmucken Sorten 'Jack be Little', 'Goldapfel', 'Sweet Dumpling' und 'Winterhorn'. Hier

Zur Info

Ölkürbis-Züchtung

Um 1875 entdeckten steirische Kürbisanbauer eine Mutante ihres Ölkürbisses mit dünnschaligen Samen. Damit begann der Siegeszug des Steirischen Ölkürbisses.
1960 sammelte die Saatzucht Gleisdorf schalenlose Landsorten aus verschiedenen Regionen. Aus diesen Zuchtlinien ging der 1970 registrierte 'Gleisdorfer Ölkürbis' hervor. Er liefert bis zu 1200 Kilogramm Samen pro Hektar mit einem Ölgehalt von 48 bis 50 % in der Trockensubstanz. Die Früchte reifen an 6 bis 10 Meter langen Ranken.
Weitere Züchtungen führten zu buschig wachsenden Typen mit gleichmäßiger Fruchtreife. Die Sorte 'Sepp' (Zulassung 1992) liefert Samen mit 2 bis 3 % höherem Ölgehalt. Die zahlreichen Samen von 'Markant' (1996) sind heller grün. 'Steirer' enthält 20 Prozent mehr Samen als 'Gleisdorfer Ölkürbis'.

Ein schmackhafter Vertreter der Riesenkürbisse: 'Rouge Vif d'Etampes'

finden sich aber auch buschig wachsende Vertreter: Zucchini, Rondini und Squash.

Ähnlich weit verbreitete Sorten vereint die Art der Riesenkürbisse, allen voran der „Kinderschreck" 'Gelber Zentner'. Das eher geschmacklose Fruchtfleisch dieser früher in vielen Gärten vorherrschenden Sorte hat manchem die Lust auf Kürbisse gründlich verdorben. So erfordert es manchmal reichlicher Überredungskunst, derart „gebrannte Kinder" dazu zu bewegen, ein Gericht zu probieren, das mit einer wohlschmeckenden Sorte zubereitet wurde.

Hervorragende Geschmackswerte liefert der handliche, nur 1 bis 3 kg schwere 'Buttercup'. Der ähnlich aromatische 'Hokkaido' bringt auch nicht mehr Gewicht auf die Waage. Etwas größer fallen die Sorten 'Chioggia', 'Blauer Ungarischer', 'Rouge Vif d'Etampes', 'Triamble' und 'Weißer Gartenkürbis' aus. Deutlich stattlicher präsentieren sich 'Big Max', 'Prizewinner', 'Peruaner', 'Rosa Riesenbanane' und 'Warzenkürbis'. Der Artbezeichnung Riesenkürbis werden aber erst die Sorten gerecht, die sich für Wettbewerbe um den weltgrößten Kürbis eignen. 'Atlantic Giant', der gewichtigste Riesenkürbis, hält den Weltrekord mit 497 kg, aber auch 'Charlie Brown' erreicht über 450 kg.

Die bekanntesten Sorten aus allen drei Arten sind in der Übersicht auf Seite 30/31 beschrieben, ergänzt durch ein Kurzporträt der interessantesten Sortengruppen für den Garten.

Zur Info

Kürbisse als Kernlieferanten

Kürbisse sind botanisch gesehen Beeren, deren Fruchtfleisch zahlreiche Samen umschließt.

Bei den meisten Sorten umgibt eine zähe Schale diese essbaren Kerne. Einige Züchtungen tragen aber an Stelle der festen Schale nur ein dünnes Häutchen. Der bekannteste und einzige großflächig angebaute Kürbis mit schalenlosen Samen ist der Ölkürbis mit seinen verschiedenen Sorten. 'Eat-all', 'Herakles', 'Hull-less', 'Olina', 'Streaker', 'Sweetnut', 'Trick or Treat' und 'Triple Treat' sind ebenfalls Sorten, deren Samen sich ohne mühseliges Schälen genießen lassen.

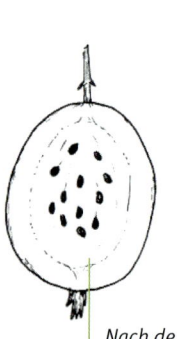

Nach der botanischen Definition zählt der Kürbis zu den Beerenfrüchten. Links Stachelbeere, rechts Hokkaido-Kürbis (Querschnitt)

'Langer aus Nizza', ein Moschuskürbis

Blätter und Blüten nutzen

Kürbisse liefern nicht nur reichlich Früchte, sie entwickeln auch ungeheure Blatt-massen. Bereits bei den Ureinwohnern Amerikas kamen auch die Blätter in den Kochtopf. Man kann die jungen Blätter einfach zusammenrollen oder grob hacken und wie Spinat zubereiten.

D ie leuchtend gelben, handgroßen Büten kann man – in feine Strei-fen geschnitten und kurz gedünstet – über Suppen, Gemüse und Salat streu-en. Sie lassen sich auch gut füllen, in Teig ausbacken oder süß fritieren. Die Blüten sind rasch vorbereitet: den Stempel oder die Staubgefäße heraus-schneiden, die Kelchblätter abzupfen, die Blüte kurz in kaltes Wasser tau-chen und abtropfen lassen.

Als Füllungen eignen sich gut ge-würzte Gemüsemischungen mit gerie-benem Käse, frischen Kräutern und ei-nem verquirlten Ei. Die gefüllten Blüten werden dann in der Pfanne ge-braten. Natürlich passt zum Füllen auch Hackfleischbrät mit geraspeltem Kürbisfleisch, grünen Bohnen, gerös-teten Brotwürfelchen und Zwiebeln vermischt. Anstatt die gefüllten Blü-ten in der Pfanne anzubraten, kann man sie auch in eine ofenfeste Form le-gen, mit etwas Weißwein übergießen und zugedeckt eine halbe Stunde ga-ren. Fein geschnitten ergeben Kürbis-blüten eine aparte Suppen- und Soßenbeigabe.

Südlich der Alpen bieten die Märkte stets frische Blüten von Kür-bisgewächsen an. Bei uns gibt es bes-tenfalls bei speziellen Gemüsegeschäf-ten junge Zucchinifrüchte, die mit der Blüte geerntet wurden. Wer sich selbst

mit dieser Delikatesse versorgen will, kann auf dem Balkon oder im Garten eine oder mehrere Pflanzen der Sorte 'Butterblossom' anpflanzen. Sieben Wochen nach der Aussaat liefert die extrem blühfreudige Züchtung körbe-weise Blüten. Natürlich ist eine solche blütenübersäte Pflanze zugleich eine Augenweide, die allerlei Nutzinsekten anlockt.

Kürbis- und Zucchini-blüten verwelken am Tag nach der Aufblüte. Frisch genutzt verfei-nern sie zahlreiche Speisen

Zur Info

Männlich oder weiblich?

Bei Kürbissen sind die Blüten getrennt männlich oder weiblich. *Die männlichen Blüten sitzen auf lan-gen, dünnen Stielen und haben nur Staubgefäße, die weiblichen nur ei-nen Stempel.*

Männliche (links) und weibliche Zucchiniblüten

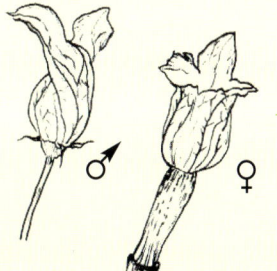

Die wichtigsten Kürbissorten

Art	Sorte	Gewicht (g)	Form	Schalenfarbe	Fruchtfleisch
Gartenkürbis (C. pepo)	Autumn Queen	400–1500	Eichelförmig	Dunkelgrün	Hellgelb, mittelfest
	Baby Bear	500–1500	Rund	Orange	Gelb, weich
	Goldapfel	200–800	Rund	Goldgelb	Hellgelb, mittelfest
	Jack o'Lantern	3000–7000	Oval rund	Orange	Gelb, mittelfest
	Ölkürbis	800–5000	Oval rund	Gelb-grün gestreift	Hellgelb, mittelfest
	Rolet	200–500	Rund	Dunkelgrün	Hellgelb, mittelfest
	Spaghettikürbis	500–2000	Walzenförmig	Hellgelb	Creme, faserig
	Sweet Dumpling	300–700	Rund, gerippt	Creme-grün gestreift	Creme, mittelfest
Moschuskürbis (C. moschata)	Butternut	500–4000	Birnenförmig	Ockergelb	Hellorange, fest
	Muskatkürbis	3000–15000	Rund stark gerippt	Grünbraun	Orangerot, weich
	Trombolino	2000–8000	Lang gekrümmt	Sandfarben	Dunkelgelb, mittelfest
Riesenkürbis (C. maxima)	Blauer Ungarischer	2000–6000	Flach rund	Blaugrau	Orangerot, mittelfest
	Buttercup	500–2000	Flach rund	Dunkelgrün	Orange, mittelfest
	Chioggia	2000–5000	Flach rund, genoppt	Dunkelgrün	Dunkel, fest
	Gelber Zentner	2000–40000	Rundlich	Hellgelb-rosé	Gelb, mittelfest
	Golden Hubbard	3000–8000	Olivenförmig, genoppt	Orangerot	Orange, fest
	Roter Hokkaido	500–2000	Zwiebelförmig	Orangerot	Orangerot, mittelfest
	Weißer Gartenkürbis	2000–6000	Flach rund	Weiß	Orangerot, mittelfest

Reifezeit: A = Anfang, M = Mitte, E = Ende. Die Zahlen entsprechen den Monaten.

■ Kürbissorten im Porträt

Im Grunde genommen ist jede Auswahl aus den über 250 verfügbaren Sorten subjektiv. Eine bewertende Kurzbeschreibung hilft jedoch, sich im Sortendschungel zurecht zu finden. Solche Kurzporträts dienen als Anhaltspunkte und erleichtern Kürbisneulingen den Einstieg.

In den Kreis der „Stammsorten" gelangen meist 'Roter Hokkaido', 'Butternut', 'Muskatkürbis', 'Sweet Dumpling' und natürlich eine oder mehrere Zucchini-Sorten.

Da es sich um einjährige Pflanzen handelt, sind Enttäuschungen rascher zu verschmerzen als bei langlebigen Obstgehölzen. Allerdings setzt die Üppigkeit beziehungsweise der große Platzbedarf von Kürbissen der Experimentierfreude Grenzen. Durchschnittlich große Gärten können normalerweise bestenfalls 10 Pflanzen Raum

Sorten und Anbau

Geschmack	Reifezeit	Ranken-länge (m)	Haltbarkeit (Monate)	Bewertung
Mild	M–E9	Buschig, bis 2	3–9	Mittlere Speisequalität, hoher Dekowert
Mäßig, neutral	A–E9	2–4	3–4	Geringer Speisewert, ideal zum Basteln
Mild	A–E9	2–4	3–7	Guter Speisekürbis, hoher Dekowert
Neutral, flach	M9–A10	5–9	2–3	Geringer Speisewert, zum Schnitzen und Bemalen
Neutral	A–M10	6–10	3–5	Dekorativ, gut zum Aushöhlen
Aromatisch	A9–A10	2–4	3–7	Guter Speisekürbis, hoher Dekowert
Neutral	A9–A10	4–6	3–6	Interessant nur durch fadenförmiges Fleisch
Maronenaroma	M9–A10	4–6	2–4	Sehr hoher Zierwert, zugleich guter Geschmack
Nussiges Aroma	M9–A10	5–7	3–12	Ideale Speisesorte, aromatisch, leicht zu verarbeiten
Hoch aromatisch Muskatton	M9–M10	5–10	4–8	Attraktiver Feinschmeckerkürbis
Nussiges Aroma	A9–A10	5–7	3–10	Leicht verarbeitbar, hoher Fleischanteil, aparte Form
Hoch aromatisch	M9–M10	5–7	4–8	Robust, haltbar und aromatisch
Muskataroma	M9–A10	4–6	3–6	Hoch aromatisch, zugleich dekorativ
Aromatisch	E9–M19	7–10	4–12	Aparter, ausgezeichneter Speise- und Dekokürbis
Neutral	A9–A10	5–10	2–3	Weit verbreitet, unhandlich, geschmacksarm
Aromatisch	A9–M10	4–8	4–8	Vielseitig verwertbar, dekorativ
Leichter Muskatton	M8–E9	3–5	2–5	Hoch aromatisch, mit Schale essbar
Hoch aromatisch	M9–M10	5–7	4–8	Robuste, gut schmeckende Gartensorte

bieten. Hat man einige Jahre lang Neues ausprobiert und Bewährtes wiederholt, kristallisieren sich rasch persönliche Favoriten heraus, die dann jedes Jahr wieder vertreten sind. Inzwischen führen viele Samenhandlungen die interessantesten Kürbissorten, Bezugsquellen für Spezialitäten finden sich auf Seite 76.

■ Sommerkürbisse

Zur Art *Cucurbita pepo* zählen viele buschig wachsende Kürbisse, deren Früchte nur im unreifen Zustand gut schmecken und die sich kaum länger als eine Woche im Kühlschrank halten. Die größte wirtschaftliche Bedeutung unter diesen nicht lagerfähigen Sommerkürbissen haben Zucchini.

Die Familie der Kürbisgewächse (Cucurbitaceae): Die wichtigsten Gattungen und Arten		
Gattung	**Cucumis (Gurken und Melonen)**	**Lagenaria (Flaschenkürbisse)**	**Cucurbita (Speisekürbisse)**
Art	Gurke (C. sativus)	Flaschenkürbis (L. siceraria)	Gartenkürbis (C. pepo), z.B. Zucchini, Rondini, Squash, Acorn, Spaghetti, Halloween, Ölkürbis
Art	Melone (C. melo)		Riesenkürbis (C. maxima), z.B. Buttercup, Chioggia, Hubbards, Türkenturban, Gelber Zentner
Art	Kiwano (C. metuliferus)		Moschuskürbis (C. moschata), z.B: Buckskin, Butternut, Muskatkürbis, Futsu, Langer aus Nizza

▶ Zucchini

Obwohl Zucchini bis vor 20 Jahren in der deutschen Küche nahezu unbekannt waren, haben sie heute einen höheren Stellenwert als die früher weit verbreiteten, vielseitiger verwendbaren und lagerfähigen Gemüsekürbisse. In Deutschland wachsen 7000 Tonnen Zucchini auf annähernd 500 Hektar Anbaufläche. 35 000 Tonnen liefern andere Länder.

Je zeitiger man Zucchini erntet, desto mehr neue Früchte entwickeln sich. Größere Exemplare hemmen den weiteren Fruchtansatz

Der Name für dieses nicht lagerfähige Kürbisgewächs stammt aus Italien. Zucchini ist die Verkleinerungsform von Zucca (= Kürbis) und bedeutet – botanisch korrekt – kleiner Kürbis. Dabei ist Zucchini eigentlich der Begriff für die Mehrzahl; ist eine Frucht beziehungsweise die Gemüseart gemeint, müsste es eigentlich Zucchino heißen.

Dieses nur unreif wohlschmeckene Gemüse zählt zur Kürbisart *Cucurbita pepo*, die auf die Wildart *Cucurbita texana* zurück geht. Pepo-Kürbisse, auch als Gewöhnliche Kürbisse bezeichnet, verbreiteten sich rasch in Europa, nachdem Kolumbus sie in Amerika entdeckt hatte. Der Begriff „zouquette" oder „zouquetti" für die

Pepo-Unterart *giromontiina*, die heutigen Zucchini, taucht erstmals 1856 auf. In der Schweiz heißen Zucchini noch immer Zucchetti.

Die buschige Pflanze füllt 1 m² Standraum aus. Die Früchte setzen direkt an der Mittelachse an, es entstehen also keine Ranken. Die Beerenfrucht entwickelt sich zu einer bis zu 10 kg schweren Keule, wenn man sie nicht rechtzeitig erntet. Die richtige Erntegröße liegt zwischen 10 und 15,

Zucchini sind mit 20 cm erntereif, blühende Früchte erreichen bis zu 10 cm Länge

maximal 20 cm Länge. Dann haben sich die Samen noch nicht entwickelt und die Schale ist so zart, dass man sie mitessen kann. Bei vorsichtiger Ernte bleibt die Blüte am oberen Ende sitzen. Sie schmeckt feingeschnitten und roh als Kraut verwendet ebenso gut wie gekocht.

In diesem frühreifen Stadium halten sich Zucchini nur etwa eine Woche im Kühlschrank. Feingeschnitten und lose eingefroren eignen sie sich jedoch als ideale Zugabe für Gemüsesuppen, Fleisch- und Tomatensoßen. Es empfiehlt sich aber, Zucchini zum Tiefgefrieren in sehr kleine Stücke zu schneiden, da sie nach dem Auftauen weich werden. Natürlich kann man dieses Gemüse auch als Püree einfrieren.

Es gibt – auf Grund ihrer wirtschaftlichen Bedeutung – inzwischen verschiedene Zuchtprogramme für Zucchini, sodass man zwischen zahlreichen Sorten wählen kann. Ihre Früchte unterscheiden sich in ihrer Form von keulenförmig bis rund und in der Farbe von Creme bis Schwarzgrün (siehe Übersicht auf Seiten 34/35). Bis auf die Neuzüchtung 'Black Forest' wachsen alle Sorten buschig.

Nachfolgend die wichtigsten Zucchini-Sorten im Kurzporträt:

Afrodite: Glänzend dunkelgrüne, walzenförmige Neuzüchtung von Novartis, gegen drei Viren tolerant, eine Woche länger haltbar als andere Sorten, die Blüte fällt früh ab.

Ambassador: Hybridsorte von Peto mit dunkelgrünen, gleichmäßig walzenförmigen Früchten. Die Pflanze wächst relativ stark und bringt gute Erträge.

Black Forest: Neue Hybridzüchtung von Kiepenkerl mit glänzend dunkelgrünen, walzenförmigen Früchten. Bis Frosteintritt liefert diese wie eine Kletterpflanze wachsende, robuste Sorte 20 bis 30 Zucchini.

Diamant (Synonym Diamond): Hell- bis mittelgrüne, walzenförmige Früchte mit auffallend schönem Glanz. Der Ertrag setzt früh ein.

Di Faenza (Synonym Di Bologna): Die hell- bis mittelgrünen, birnenförmigen Früchte reifen früh bei dieser ausgezeichnet schmeckenden Sorte; keine Hybridzüchtung.

Gold Rush: Hybridsorte mit gleichmäßig walzenförmigen, leuchtend gelben Früchten. Aparter Blickfang.

Greyzini: Hybridzüchtung mit keulenförmigen, graugrün gefleckten Früchten, mit zunehmender Reife streifig.

Romanesco (Synonym Costata Romanesco): Sorte mit leicht hervorstehenden, hellgrünen Längsrillen auf den dunkelgrünen, walzenförmigen Früchten; mittelfrüher Reifebeginn, keine Hybridzüchtung.

Hybridsorten gehen aus unterschiedlichen Elternlinien hervor. Hybriden übertreffen die Elternsorten, eignen sich aber nicht zum erneuten Aussäen

33

Die wichtigsten Zucchini-Sorten

Form				
Farbe	**Weiß**	**Gelb**	**Hellgrün**	**Mittelgrün**
Sorte	Blanche d'Egypte	Gold Rush	Diamant	Ambassador
		Aztec	Elite	Acceste
		Goldbar	Jedita	Consul
		Golden Dawn	Senator	Cora
		Gold Finger	Starr's Green	Tarmino
		Rocky Gold	Supremo	Zuboda

Striato d'Italia (Synonym Striato di Napoli): Züchtung mit hellen, leicht aufgewölbten, hellgrünen Längsstreifen auf der kräftig grünen Schale. Keine Hybridsorte.

Ausgereifte Früchte der Zucchinisorte 'Tondo chiaro di Nizza'

Tondo chiaro di Nizza: Nicht hybridisierte Züchtung mit früh erscheinenden, kugeligen Früchten. Lässt man sie gut ausreifen, eignet sich die „Kugel-Zucchini" zum Basteln, schmeckt aber nicht mehr.

Weibliche (links) und männliche Blüte von Rondini

▶ **Rondini**

In Deutschland zählen Rondini zu den jüngsten Vertretern der Kürbisfamilie. Das in Afrika und Amerika verbreitete Gemüse haben in Europa zunächst die Franzosen entdeckt und handeln es als „Rondini de Nice". Die Schweiz propagiert den Anbau seit den 80er Jahren und allmählich fasst die wärmehungrige Pflanze auch in Deutschland Fuß. Die Früchte sehen denen der runden Zucchini-Sorten

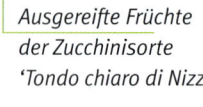
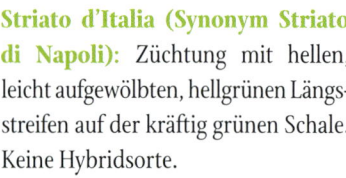

Sorten und Anbau

Sorten und Anbau

	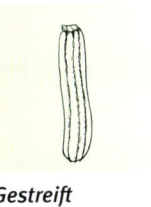	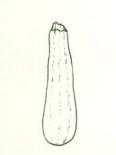	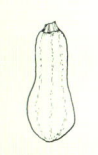	
Dunkelgrün	**Gestreift**	**Diverse**	**Mittelgrün**	**Grün**
Afrodite	*Romanesco*	*Greyzini*	*Di Faenza*	*Eightball*
Black Forest	*Striato d'Italia*	*Albatros*		*Roly Poly*
Blackjack	*Striato pugliese*	*Albina*		*Western Sunrise (gelb)*
Condor	*Fiorentino*	*Bianco di Trieste*		*Tondo chiaro di Nizza*
Diplomat	*Romano*	*Clarita*		*Tondo scuro di Piacenza*
Maya	*Tusco*	*Genovese*		

sehr ähnlich, die Pflanze wächst jedoch nicht buschig. An langen Ranken öffnen sich die Blüten für wenige Stunden und verwelken dann. Rondini schmecken am besten, wenn sie die Größe eines Tennisballes erreicht haben. In diesem Stadium glänzt die zarte Schale hellgrün mit cremefarbenen Sprenkeln. Lässt man sie ausreifen, färbt sie sich orangerot. Sorten sind bislang keine bekannt.

▶ Squash

Der auffallenden Form hat dieser buschig wachsende Sommerkürbis seine vielen Namen zu verdanken: Ufo, Fliegende Untertasse, Patisson, Sputnik, Melonenkürbis oder Zapallo. Auch Bischofsmütze und Kaisermütze wird er genannt, was zu Verwechslungen mit dem Winterkürbis 'Türkenturban' führt, den manche ebenfalls als Bischofs- und Kaisermütze bezeichnen. Die Form ähnelt einer flachen Qualle oder Kamm-Muschel, einem Diskus mit gewelltem Rand

Squash-Vielfalt: Die Früchte schmecken nur unreif geerntet, vollreif – wie hier im Bild – dienen sie als Zierkürbisse

oder einer Kopfbedeckung. Die Farben variieren je nach Sorte von Weiß, Creme, Gelb, Orange, Hellgrün bis Dunkelgrün.

Die Früchte schmecken wie Zucchini und Rondini nur unreif geerntet, wenn sie die Größe einer Handfläche erreicht haben. In diesem Jugendstadium kann man die Schale mitessen. Mit zunehmender Reife verflacht das Aroma. Vollreif lassen sie sich einige Monate lagern, eignen sich dann aber nur noch zur Dekoration. In der Küche werden Squashfrüchte genau wie die anderen Sommerkürbisse verwendet. Squash-Pflanzen bilden wie Zucchini keine Ranken aus. Sie entwickeln mehr Blätter, aber ohne die auffallende silbrige Marmorierung der Zucchini.

Wie mit den Blüten der übrigen Sommer- und Winterkürbissen kann man auch mit Squash-Blüten delikate Gerichte zubereiten.

Squash-Sorten

Name	Farbe
Custard White, Patina, Summer Satellite	Weiß
Bennings Green Tint, Zahra	Blassgrün
Green Button, Peter Pan	Hellgrün
Scallopini, Starship	Dunkelgrün
Golden Button, Sunburst, Sunny Delight	Gelb
Patisson Orange	Orange
Blanc panache de vert	Grün/Weiß

■ Winterkürbisse

Während die nur kurze Zeit haltbaren Sommerkürbisse alle sehr ähnlich, und zwar mild-neutral schmecken, zeichnen sich die monatelang lagerfähigen Winterkürbisse durch ein breites Aromaspektrum aus. Die Geschmackspalette reicht von neutral über mild, süß, feinwürzig, maronenartig oder nussig bis hin zur Muskatnote. Beim Kauf von Samen oder Früchten beeinflussen neben den Fruchtfleischeigenschaften aber auch Aussehen, Größe und Verwertungseignung die Wahl. Die nebenstehenden Tabellen und Kurzporträts sollen Ihnen beim Entscheiden helfen. Von den haltbaren Winterkürbissen der Art *Cucurbita pepo* kommt

dem Ölkürbis der höchste Anbauwert zu.

▶ Acorn-Kürbisse

Die Gruppe der eichelförmigen Kürbisse umfasst eher kleinfrüchtige Sorten von 500 bis 2000 g Fruchtgewicht. Die Farben variieren von Weiß bis Schwarzgrün. Die meisten Sorten halten sich gut ein halbes Jahr. Das Aroma ist mittel ausgeprägt. Eichelkürbisse bestechen eher durch ihr attraktives Aussehen. Die wichtigsten Acorn-Sorten finden Sie in der untenstehenden Übersicht.

'Table Gold', eine besonders dekorative Acorn-Sorte

Acorn-Sorten

Name	Farbe
Tay Belle, Autumn Queen, Eat-all, Winterhorn	Dunkelgrün
Table Queen, Table Gem, Bush Table Queen	Grün
Heart of Gold	Grün-weiß
Table Gold	Gelb
Cream of the Crop, Swan White Acorn	Weiß

▶ Buttercup-Kürbisse

Zur Gruppe der „Butterbecher" zählen durchweg hocharomatische, viele Monate lagerfähige Sorten, etliche haben essbare Schalen. Die meist flachrunden Früchte wiegen zwischen 1 und 5 kg. Das intensiv orangefarbene Fruchtfleisch strotzt vor Karotenen, es schmeckt nussig-aromatisch und eignet sich für die meisten Verwertungsarten.

Die aparte Form der Namensgeberin – der 1931 gezüchteten Sorte 'Buttercup' – verleiht dieser Kürbisgruppe zudem einen hohen Dekorati-

Buttercup-Sorten	
Name	**Farbe**
Autumn Cup, Black Forest, Buttercup,	
Delica, Hokkori, Pacifica, Potkin	Dunkelgrün
Blue Kuri, Chestnut, Permanent, Snow Delight	Blaugrün
Ambercup, Golden Debut	Orange

▶ Butternut-Kürbisse

„Butternuss"-Sorten bestechen neben ihrem aromatischen, orangen Fruchtfleisch durch die leichte Handhabbarkeit. Die glatte Haut lässt sich gut schälen und das kleine Kerngehäuse liegt am unteren Ende der

Bewährte Butternut-Sorte 'Waltham Butternut'

'Buttercup' mit typischer Rosette (oben). Auch andere Riesenkürbis-Sorten entwickeln dekorative Rosetten

onswert. Einige Sorten bilden gegenüber vom Stiel eine wunderschöne Rosette aus. Wie ein persönlicher Fingerabdruck prägt sie sich bei jeder Frucht etwas anders aus und überrascht den aufmerksamen Betrachter in ihren Form- und Farbnuancen immer wieder.

Frucht, sodass beim Aufschneiden gleichmäßige Scheiben entstehen. Je nach Sorte und Ausprägung sind Butternut-Kürbisse walzen- bis birnenförmig. Die Farben reichen von Cremeweiß über Ockergelb bis Braun; vielfach verändern sie sich mit zunehmender Lagerdauer.

Sorten und Anbau

37

Das Gewicht der Butternut-Sorten variiert stark:

Bis 3 kg: Argese, Butterboy, Butterbush, Butterboy Supreme, Early Butternut, Orange, Pawpaw, Ultra Butternut, Zahra, Zenith.

Über 3 kg: Cushaw, Langer aus Nizza, Longreach, Napolitanerkürbis (Piena di Napoli, Mantelsack), Sucrine du Berry (Zuckerkürbis), Tromba d'Albenge (Trombolino).

'Roter Hokkaido' – handliche Größe und guter Geschmack zeichnen ihn aus

▶ Hubbard-Kürbisse

Die ebenfalls aromatischen, festfleischigen und gut lagerfähigen Sorten (bis 1 Jahr), ähneln in ihrer Form vielfach einem Rugbyball. Die Schale zeigt unterschiedlich stark ausgeprägte Noppen, die Farben reichen von Orange und Grün bis Blau, das Gewicht liegt meist über 3 kg. Nach längerer Lagerung lässt sich die Frucht sehr schwer zerteilen. Bei etlichen Sorten entfällt das Schälen, da die Schale verkocht. Der bekannteste Vertreter dieser Gruppe ist der auch im Handel verbreitete 'Rote Hokkaido'. Entsprechend viele Synonyme gibt es: 'Red Kuri', 'Uchiki Kuri', 'Oranger Knirps' oder 'Potimarron'.

Warzige Form des 'Green Hubbard', teils als 'Warted Hubbard' im Handel

▶ Spaghetti-Kürbisse

Der Namen dieser Gruppe deutet bereits auf ihre Besonderheit hin: Das faserige Fruchtfleisch zerfällt in spaghettilange Fäden. Das Aroma dieser Sortengruppe ist aber nicht besonders ausgeprägt, als Beilage empfehlen sich daher würzige Hackfleischsoßen oder Pesto. Das Gewicht der gelben, walzen- bis olivenförmigen Früchte schwankt zwischen 500 und 2000 g. Im Handel dominiert die hellgelbe, buschig wachsende Sorte 'Tivoli', seltener findet man den orangefarbenen 'Hasta La Pasta'.

Spaghetti-Kürbisse gehen auf chinesische Sorten zurück

Hubbard-Sorten

Name	Farbe
Anna Schwarz, Golden Delicious, Golden Hubbard, Lakota, Roter Hokkaido	Orange
Green Delicious, Grüner Hokkaido, Green Hubbard	Grün
Blue Ballet, Blue Hubbard	Blau

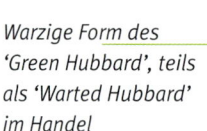

Fruchtfleischfarbe von Winterkürbissorten

Hellgelb	Gelb	Orange	Orangerot
Atlantic Giant	Aspen	Blue Ballet	Blaue Banane
Autumn Queen	Baby Bear	Blue Hubbard	Blauer Ungarischer
Cushaw	Baby Boo	Blue Kuri	Buckskin
Delicata	Big Max	Buttercup	Futsu Black Rinded
Evergreen	Gelber Zentner	Butternut	Grüner Hokkaido
Frosty	Howden	Chioggia	Hokkori
Goldapfel	Jaspee	Crown Prince	Langer aus Nizza
Heart of Gold	Jack be Little	Delica	Muskat-Kürbis
Ölkürbis	Jack o'Lantern	Early Butternut	Roter Hokkaido
Pepita	Little Gem	Golden Delicious	Seminole
Spaghetti-Kürbis	Lumina	Green Chestnut	Snow Delight
Table Gold	North Georgia	Green Hubbard	Small Sugar
Winterhorn	Peruaner	Green Delicious	Tancheese
Zucchini	Prizewinner	Hayato	Weißer Gartenkürbis
Squash	Rolet	Lumina	
Rondini	Rosa Riesenbanane	Mammoth Gold	
	Rouge Vif d'Etampes	Olive	
	Sweet Dumpling	Queensland Blue	
	Sweet Meat	Triamble	
	Table Gold	Trombolino	
	Tondo Padana	Türkenturban	
	Zenith	Türkischer Turban	
		Warzenkürbis	

Der beste Standort

Für Kürbisse gilt eine Grundregel vom ersten bis zum letzten Arbeitsschritt, von der Aussaat bis zur Lagerung: es kann nie warm genug sein. Die lichthungrigen Pflanzen erhalten den sonnigsten Standort im Garten, der am besten auch noch windgeschützt liegt.

An den Boden stellen die „Sonnenanbeter" nur durchschnittliche Ansprüche: Gute Luftführung, also locker und humushaltig, keinesfalls staunass. Leichte Böden erwärmen sich zudem schneller als dichte, schwere Böden. Ist die optimale Bodenstruktur nicht gegeben, verbessert man sie mit reichlich Kompost. Der Kalkgehalt sollte nicht unter pH 6,0 liegen, saure Böden muss man also gegebenenfalls mit mehreren Düngergaben aufkalken.

Schließlich ist noch die Fruchtfolge zu berücksichtigen. Es empfiehlt sich, nur 2 bis 3 Jahre Kürbisgewächse an dieselbe Stelle zu pflanzen und dann eine Pause von 3 bis 4 Jahren einzuhalten.

Sorten und Anbau

Giganten im Garten

„Gewaltiger Sohn der Erde, Kürbis, bist du!" – diesen Lobruf der alten Griechen versteht im vollen Umfang erst, wer einmal gesehen hat, zu welchen gigantischen Leistungen diese uralte Kulturpflanze fähig ist. Die bei uns verbreitete Sorte 'Gelber Zentner' bringt meist Erntegewichte von 15 bis 20 kg auf die Waage. Jedoch: Nomen est omen – auch bis zu zentnerschwere Exemplare sind keine Seltenheit.

■ Kürbis-Weltrekord

Wie sehr der Kürbis mit seinen Pfunden wuchert, zeigt die Sorte 'Atlantic Giant' am eindrucksvollsten. Ohne allzu grünen Daumen des Kultivators liefert die Pflanze 50 oder gar 100 kg schwere Kolosse.

Im Land der unbegrenzten Möglichkeiten ist es geradezu ein Volkssport, Jahr für Jahr den weltgrößten Kürbis zu ermitteln. Das alljährlich im Oktober stattfindende „World Pumpkin Confederation Weigh-Off", ein spektakuläres Festival rund um den Kürbis, ermittelte 1998 den Weltrekord mit einem Kürbisgewicht von 495 kg. Gary Burke erhielt für seinen Giganten als Siegesprämie 3000 US-Dollar. Der Sieger von 1999, Bill Bobier, konnte mit seinem 494 kg schweren Riesenkürbis den Weltrekord nicht brechen. Es gelang aber Joe Pukas im Jahr darauf mit einem 497 kg schweren Rekordkürbis.

'Gelbe Zentner' zählen zu den Riesenkürbissen

■ Giganten heranziehen

Natürlich muss zunächst die Sorte stimmen, wenn man einen Kürbisgiganten ernten will. Um aber das genetische Potenzial voll auszureizen, bedarf es intensiver gärtnerischer Fürsorge. Damit die Pflanze die gewaltige Fruchtmasse von einer halben Tonne hervorbringen kann, muss sie „am Tropf hängen", also ununterbrochen optimal mit Nährstoffen und Wasser versorgt werden. Zudem darf nichts und niemand mit der zukünftigen Riesenfrucht konkurrieren. Deshalb entfernt man alle weiteren Blütenansätze und Seitenverzweigungen, sobald sie sich in den Blattachseln der Hauptranke zeigen. Natürlich braucht der Wärme liebende Kürbis auch ganz viel Sonne und einen guten Windschutz.

Zur Info

Die Sorte macht's

Um Giganten heranzuziehen braucht es wuchsfreudige Sorten. Unschlagbare Riesen liefert 'Atlantic Giant'. Dieser Weltrekordsorte (497 kg) steht 'Charlie Brown' kaum nach. Die Sorte brachte es bislang immerhin auf stattliche 477 kg.

Nicht ganz so gigantisch, aber immer noch übergroß wachsen die mondgelben, ovalen Früchte von 'Big Moon'. Der bis zu 100 kg schwere Kürbis schmeckt erstaunlich gut. Leuchtend orange präsentieren sich 'Big Tom' und 'Prizewinner', die gut 50 kg auf die Waage bringen. 'Big Max' wird auch nicht schwerer, besticht aber durch die schöne rosarote Färbung. Als Besonderheit gilt 'Walkürbis': eine zarte, graugrüne Farbe überzieht die langgestreckte, meterlange, bis zu 60 kg schwere Frucht.

Sorten und Anbau

Erfolgreiche Anzucht

Bis auf einige Standardsorten bietet der Fachhandel kaum Kürbispflanzgut an. Spezialbetriebe helfen hier weiter. Raritäten muss man selbst aus Samen anziehen. Ob man nun selbst anzieht oder Samen zukauft, die weiteren Anbaukriterien gelten in beiden Fällen gleichermaßen.

Samen und Pflanzen erwerben

Die meisten Gartenhändler bieten im Mai Kürbisgewächse als Jungpflanzen an. An Sommerkürbissen finden sich im Normalfall eine unbenannte grüne Zucchinisorte, die Kletterzucchini 'Black Forest' und die gelbfrüchtige 'Gold Rush', bestenfalls noch der weiße Squash 'Custard White'. Bei Winterkürbissen dominiert unverändert 'Gelber Zentner'.

Die Samenregale enthalten eine größere Auswahl, aber auf über 10 Sorten kommen meist nur Versandspezialisten. Mit 250 Sorten lässt beispielsweise die Samenfirma Jansen kaum Wünsche offen. Weitere Bezugsquellen finden Sie auf Seite 76.

Der beste Zeitpunkt

Die je nach Sorte zwischen 3 und über 20 mm langen Samen benötigen zum Auskeimen mindestens 10, besser 15 °C warme Böden. Bei der Aussaat in Töpfe sollte man eine Bodentemperatur von 20 °C anstreben, um rasches Auflaufen zu ermöglichen. Dann vernässt und verpilzt die Erde nicht, der

Zur Info

Kürbiserie Gartenlust

Unter dem Motto „Gartenlust und Tafelfreuden" bieten Eva und Karl Vogler in ihrer Kürbiserie in Linden/Hessen fundiertes Fachwissen rund um den Kürbis.

Man findet eine Fülle an Samen, Jungpflanzen und Früchten sowie Bücher, Geschenkartikel und Verarbeitungsprodukte. 100 Kürbissorten kann man im Sommer beim Wachsen zuschauen und im Herbst kaufen. Auch Kontakte zu anderen Kürbisfreunden, Lieferanten von Spezialitäten und Informationen über die in Europa stattfindenden Kürbisfeste vermittelt die Kürbiserie unter der Telefonnummer (0 64 03) 7 12 76.

Samenvielfalt:
1 Zuckerkürbis
2 Siamkürbis
3 Delicata
4 Goldapfel
5 Snow Delight
6 Peruaner
7 Green Hubbard
8 Hörnchenkürbis
9 Cushaw
10 Pepita
11 Roter Hokkaido
12 Ölkürbis

Keimling wächst kompakt und stabil. Je nach Klimaregion kann man ab Anfang bis Mitte Mai direkt im Freiland aussäen, vorausgesetzt, es sind keine Frostnächte mehr zu erwarten. Besser ist es, den Aussaattermin auf Ende Mai hinauszuschieben, bis der Boden anhaltend warm bleibt. Auf diese Weise entfallen Wachstumsstockungen und die sich zügig entwickelnden Jungpflanzen holen zu zeitig gesteckte rasch ein. Hat man die Samen zu früh ins Freie gebracht, kann es vorkommen, dass sie kältebedingt zu langsam keimen. So haben Bodenschädlinge wie Drahtwürmer mehr Gelegenheit, die Kerne zu zerstören.

In warmem Boden keimen Kürbissamen innerhalb von 3 Tagen

Saat- und Pflanzabstände (in cm)

Wuchsform	in der Reihe	Reihenabstand
Buschtyp	70–100	50–80
Kurze Ranken	100–150	80–100
Mittellange Ranken	150–200	100–150
Lange Ranken	200–300	150

In Klimaten mit sonnigen Herbstwochen kann man Lagerkürbisse bis Mitte Juni stecken, Zucchini, Squash und Rondini mit ihrer kurzen Fruchtentwicklungsphase liefern selbst Mitte bis Ende Juli gesät noch gute Ernten.

Wird der Garten von Schnecken heimgesucht, müssen Kürbisgewächse im Topf vorgezogen werden – möglichst so lange, dass eine kräftige Pflanze mit mindestens 6, besser mit 8 Blättern ins Freie kommt. Da sich die Blattmasse in diesem Stadium bereits rasant vergrößert, wächst die Lieblingsspeise den Schnecken davon. Zu kleine Zöglinge fressen die Plagegeister dagegen über Nacht kahl.

Auch in klimatisch weniger begünstigten Regionen oder Höhenlagen gedeihen die Riesenbeeren. Bei Sorten mit langer Vegetationszeit sollte man die Pflanzen aber im Topf heranziehen und im Freien anfangs das Wachstum mit Hilfe einer Folie oder eines Vlieses weiter begünstigen. Sobald die ersten Blüten erscheinen, muss die Bedeckung tagsüber entfernt werden, da sonst Bienen und Hummeln die notwendige Befruchtung nicht übernehmen können.

Der Kürbis ist eine ideale Gemüseart für den arbeitsarmen Garten: Nach richtiger Pflanzung muss bis zur Ernte nur gelegentlich gegossen werden

Optimale Pflanzstelle für Kürbis-Jungpflanzen: In das Pflanzloch von 50 cm Durchmesser 25 cm Komposterde und darüber ebensoviel feinkrümelige Gartenerde einfüllen. Eine Mulchabdeckung verhindert zu starkes Austrocknen

■ Einfache Pflege

Wer beim Aussäen oder Pflanzen die Pflanzstelle reichlich mit Kompost versorgt hat (10 Liter pro Pflanze), benötigt allenfalls noch geringe Hornmehlgaben, falls die alten Blätter ihr sattes Grün verlieren. Wer jedoch meint, viel hilft viel, erlebt beim Kürbis wortwörtlich, was es heißt, ins Kraut zu schießen. Die Pflanze bildet unzählige, übergroße Blätter, der Fruchtansatz leidet darunter.

Will man sich die weitere Pflegearbeit erleichtern, deckt man den Standraum der Kürbispflanze reichlich mit Grasmulch ab. Diese „Decke" schützt den Boden vor raschem Austrocknen, verhindert das Verschlämmen beim Gießen und verbessert so die Luftführung. Zugleich unterdrückt sie solange unerwünschten Pflanzenbewuchs, bis die riesigen Kürbisblätter selbst jede Konkurrenz unterbinden. Dies erspart lästiges und bei dieser Kultur auch unerwünschtes Hacken. Kürbisgewächse wurzeln nämlich so flach, dass die Gefahr besteht, beim Hacken die Wurzeln zu verletzen.

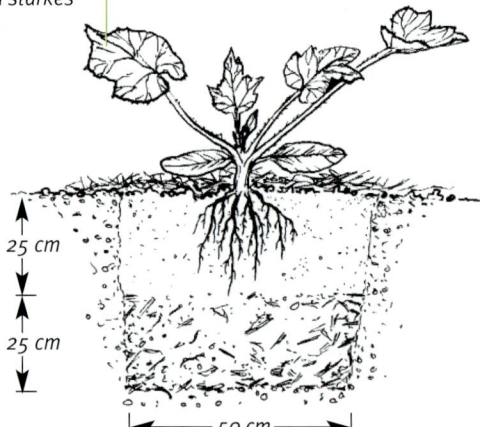

25 cm

25 cm

50 cm

Mehltaubefall im Anfangsstadium

Kürbisse vertragen Trockenperioden, auch wenn sie dann bei großer Hitze die Blätter hängen lassen. Allerdings sollte man während der Anfangsentwicklung bis nach der Hauptblütezeit im Juli gleichmäßig wässern, um zu verhindern, dass das Wachstum stockt und zu wenig Früchte ansetzen.

Im Garten leiden Kürbisgewächse normalerweise nicht unter Krankheiten und Schädlingen. Abgesehen von Schneckenfraß im Keimstadium und an den jungen Früchten sind keine Schäden zu befürchten. Im Spätsommer zeigen sich auf den Blättern Mehltaubeläge, die bei Zucchinisorten zum Absterben der Pflanzen führen und damit den Erntezeitraum begrenzen. Bei Lagerkürbissen beeinträchtigt Mehltau aber kaum den Reifeprozess, da sie auch ohne gesunde Blätter ausreifen können. „Bioanbau" ist bei dem Gartenkaiser also selbstverständlich.

■ Richtige Ernte

Herbstzeit ist Kürbiszeit. Deshalb spricht man auch von Herbstriesen und schätzt ihre ideal zur Jahreszeit passenden Farbtöne. Die bunten Riesenkugeln schmücken nicht nur den Garten, sie zieren auch Haus und Hof. Wann der Auszug aus dem Garten erfolgen muss, hängt von der Sorte und den Witterungsbedingungen ab.

Der optimale Zeitpunkt

Der Erntezeitpunkt bestimmt Geschmack und Haltbarkeit. Die Sommerkürbisse wie Zucchini, Squash und Rondini schmecken nur im Jugendstadium der Früchte, also unreif geerntet. Sie lassen sich aber dann nur etwa eine Woche aufbewahren. Bleiben sie bis zur Vollreife an der Pflanze, entwickeln sich eine feste Schale und große, ausgereifte Kerne. Das Fleisch schmeckt dann strohig-fade.

Winterkürbisse wie Acorn-, Butternut-, Buttercup-, Hubbard- und sämtliche Aushöhlsorten müssen möglichst lange Sonne tanken, um optimal lagerfähig zu sein. Relativ kurze Vegetationszeit haben einige Hokkaido-Sorten, die bereits Ende August

Nur wenige Sorten können getrennt von der Pflanze nachreifen, wenn sie zu früh geerntet wurden. Dazu gehören unter anderem 'Olive', 'Langer aus Nizza' und 'Muskatkürbis'

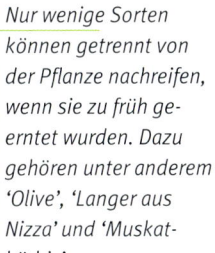

Zur Info

Kürbisse auf dem Balkon

Es muss ja nicht gerade einer der Kürbisgiganten sein, den man als Kübelpflanze zieht. Sorten, die kleine Früchte wie Perlen an ihren Ranken aufreihen, sehen besonders apart aus.
Kürbisse erklettern Bäume, Gerüste, Mauern, sie hängen aber auch kaskadenartig über das Balkongeländer. Es gibt besonders reich blühende Sorten wie 'Butterblossom', die jede andere Zierpflanze in den Schatten stellen. Die buschig wachsenden, also mit wenig Platz zufriedenen Zucchinipflanzen – hier vor allem die gelben Sorten – stehen mit ihren silbrig marmorierten Blättern den übrigen Kübelpflanzen in nichts nach.
Ein weiterer Vorteil von Kürbissen als Balkonschmuck: Schädlinge suchen das Gewächs nicht heim. Nur auf ausreichend Wasser und Nährstoffe muss man bei dem im Kübel begrenzten Wurzelraum besonders achten.

Kürbisexpertin Margarete Pfisterer erkennt die Reife der Kürbisse an deren Farbe und Stielbeschaffenheit

erntereife Früchte tragen können. Spätsorten wie 'Chioggia' und 'Triamble' ('Tristar') brauchen meist bis Mitte Oktober, um vollreif zu sein. Nicht ausgereifte Kürbisse schmecken fad und welken, da sich die Schale nicht vollständig ausgebildet hat, um die Frucht vor dem Austrocknen zu schützen.

Zunächst gilt es zu erkennen, welche Winterkürbisse bereits genussreif sind. Das wichtigste Erkennungszeichen liefert der Fruchtstiel: er muss gut verholzt sein. Auch die Farbintensität gibt Auskunft, sofern man weiß, wie die Sorte vollreif aussieht. Der hohle Klang beim Anklopfen mit dem Fingerknöchel kann täuschen, hilft also keinesfalls als alleiniges Reifekriterium.

Schonender Umgang

Obwohl sich reife Winterkürbisse hart anfühlen und unverwüstlich aussehen, muss man sie vorsichtig behandeln, wenn sie 4, 6, oder 8 Monate lang frische Vitalstoffe spenden sollen. Also keinesfalls werfen, unsanft rollen, die Schale verletzen oder den Stiel abbrechen! Nicht einwandfreie Früchte mit Druckstellen oder kleinen Verletzungen eignen sich nur für den baldigen Verzehr.

Zur Ernte trennt man den Stiel mit einer Rebschere nahe an der Ranke ab, damit ein möglichst langes Stück an der Frucht verbleibt. Der Stiel trocknet ein und verhindert so, dass Fäulniserreger durch diese Ein-

Trägt eine Pflanze neben reifen weitere unreife Früchte, muss die Ernte so erfolgen, dass die Ranken nicht verletzt werden

trittspforte in den Kürbis eindringen. Bricht der Stiel bereits bei der Ernte direkt an der Frucht ab, muss die Frucht bald verzehrt werden, da Fäulnispilze hier freien Zugang haben. Keinesfalls darf man für das Lager bestimmte Exemplare am Stiel tragen – er reißt besonders bei großen Früchten leicht ab.

Setzt im Oktober feucht-kühles Wetter ein, kann es erforderlich werden, großfrüchtige Sorten mit einem Holzstück zu unterlegen, damit die Frucht an der Kontaktstelle zum nassen Boden nicht vorzeitig fault. Spätestens wenn die ersten Frostnächte kommen, gehören die letzten Früchte ins Warme. Erleiden sie eine Frostnacht, beginnen sie rasch zu faulen. Auch die Dekorationsstücke im Freien müssen bei Frost ins Haus.

■ Erfolgreich lagern

Wenn es darum geht, Kürbisse richtig aufzubewahren, hilft die grundsätzliche Unterscheidung in

Sommer- und Winterkürbisse. Zucchini, Squash und Rondini zählen wie Salat, Bohnen oder Radieschen zu den rasch verderblichen Gemüsearten und halten sich bestenfalls acht bis zehn Tage im Kühlschrank. Winterkürbisse dagegen können je nach Sorte wenige Monate bis weit über ein Jahr frisch bleiben (siehe Sortenübersicht Seite 30/31).

Einwandfreie Früchte, mit Stiel versehen und ohne Risse oder Druckstellen, eignen sich als Wintervorrat. Solange die Herbstsonne scheint, sollten sie im Freien bleiben, nur trocken und nachts frostfrei muss es sein. Die Schale härtet dann besser aus und die Farbe wird intensiver.

Auch auf das Winterlager erstreckt sich der Wärmehunger der Kürbisse. Luftfeuchtigkeit nicht über 70 % und Temperaturen über 15 °C sind optimal. Die meisten Sorten sehen so attraktiv aus, dass man sie einfach als Dekorationsstücke in der Wohnung verteilen kann, idealer Weise in Räumen mit Fußbodenheizung. Wenigstens einmal monatlich müssen alle Lagerkürbisse kontrolliert werden, ob erste schwarze Flecken oder eingesunkene Stellen auftreten. Angefaulte Früchte verbreiten einen äußerst unangenehmen Geruch, das Fruchtfleisch zersetzt sich zu matschigem Brei.

Einige Sorten, meist aus der Gruppe der Hubbard-Kürbisse, zeigen nach längerer Lagerung trockene Stellen im Fruchtfleisch. Wenn man sie aus-

In sehr lange gelagerten Kürbissen zeigt sich manchmal ein Schnurgeflecht: die Sprossen gekeimter Samen

An der Sonne nachgereifte Kürbisse halten sich besonders gut im Lager

schneidet, lässt sich der Rest unbeeinträchtigt verwenden. Kocht man die eingetrockneten Bereiche mit, schmeckt das Gericht leicht bitter.

■ Samen nutzen

Die gut entwickelten Samen reifer Kürbisse keimen willig aus, wenn man sie für die neue Gartensaison in die Erde steckt. Im Prinzip entwickeln sich daraus Pflanzen mit unveränderten Fruchteigenschaften. Wachsen aber viele Sorten nebeneinander, ist die Sortenreinheit nicht mehr gewährleistet, allerlei Mischformen können entstehen.

Die Kerne von Kürbissorten mit schalenlosen Samen eignen sich gut als Keimsprossen. Will man die Kerne weder essen noch zur erneuten Aussaat nutzen, sollten sie trotzdem nicht auf den Kompost wandern. An der Luft getrocknet dienen sie als ideales Streufutter für Gartenvögel oder als willkommener „Snack" für Haustiere wie Hamster und Meerschweinchen.

Fit und Gesund

Gesundheit aus dem Kürbis

Kürbiskerne, Blätter und Wurzeln, innerlich und äußerlich angewendet, waren Bestandteil der Naturmedizin, lange bevor das Fruchtfleisch als gesundes Nahrungsmittel gegessen wurde. Gesundheit pur steckt in den leuchtend bunten Herbstfrüchten. Das Fruchtfleisch bietet einen Rundumschutz für unsere Körperzellen und rüstet uns so für den Winter. Das Öl der Samen sorgt für Schönheit von innen und außen.

Wie schafft es die Kürbispflanze, ihre riesigen Früchte den Sommer über so prall mit wertvollen Inhaltsstoffen auszustatten? Der Sonnenhunger der zahlreichen, großen Blätter an den viele Meter langen Ranken trägt wesentlich dazu bei. Als Ergebnis haben wir den Winter über in Form der reifen Frucht einen problemlos lagerbaren, schmackhaften und zugleich dekorativen Gesundheitsspender verfügbar.

Zu den wasserreichsten Gemüsearten zählen Gurken (97 % Wassergehalt), Kopfsalat (96 %) und Chinakohl (95 %)

■ Mildes Kürbisfleisch

Die Familie der Kürbisgewächse liefert wasserreiche Früchte. Kürbis und Zucchini bestehen zu über 90 % aus Wasser, obwohl das Fruchtfleisch der haltbaren Sorten eher trocken wirkt. Erwartungsgemäß wenig Kalorien liefert es: je nach Sorte 17 bis 28 kcal.

Kürbisse zählen nicht zu den Spitzenreitern in Bezug auf einzelne Inhaltsstoffe. Sie bestechen vielmehr durch insgesamt ausgewogene Mengen an Mineralstoffen, Spurenelementen, Vitaminen und bioaktiven Substanzen. Gut vertreten sind ne-

ben den für Haut, Haare, Nerven und Konzentration wichtigen B-Vitaminen auch die Karotene.

Zellschutz durch Karotene

Vergleicht man die Inhaltsstoffgehalte unserer Gemüsearten, fallen beim

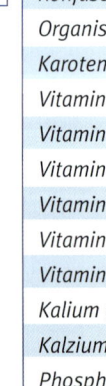

100 g frisches Fruchtfleisch enthalten

Inhaltsstoff	Kürbis	Zucchini
Wasser (g)	91	92
Kohlenhydrate (g)	5,5	2,1
Eiweiß (g)	1,0	1,6
Fett (g)	0,1	0,4
Rohfaser (g)	0,6	1,6
Organische Säuren (g)	0,2	0,4
Karotene (mg)	8	1
Vitamin C (mg)	12	16
Vitamin E (mg)	1,1	0,9
Vitamin B1 (mg)	0,05	0,05
Vitamin B2 (mg)	0,07	0,09
Vitamin B5 (mg)	0,50	0,40
Vitamin B6 (mg)	0,10	0,10
Kalium (mg)	385	200
Kalzium (mg)	25	30
Phosphor (mg)	44	25
Magnesium (mg)	8	8
Natrium (mg)	1	3
Eisen (mg)	0,8	1,5
Energie	25 kcal	20 kcal
	(100 kJ)	(83 kJ)

Fit und Gesund

Kürbis besonders die hohen Karoten- werte auf. Die gelb- und orangeflei- schigen Sorten liefern mit bis zu 10 mg ähnliche Mengen wie Karotten (12 mg) und Spinat (14 mg).

Kürbisse wie 'Rouge Vif d'Etampes' zählen zu den Spitzenlieferan- ten für Karotene

Karotene sind rote, orange und gelbe Pflanzenfarbstoffe. Aus 60 der über 600 in Pflanzen enthaltenen Ka- roten-Verbindungen kann der Körper Vitamin A aufbauen. Die nicht für die Vitaminherstellung benötigten Men- gen nutzt der Organismus, um freie Radikale abzuwehren. Sie wirken wie Vitamin C und E als zellschützende Antioxidanzien. Die bekanntesten dieser Zellschutzstoffe sind Betakaro- tin und der in Tomaten enthaltene Wirkstoff Lykopin.

Der Begriff Karotene hat die Bezeichnung Carotinoide im allge- meinen Sprachge- brauch abgelöst

Ernährungsexperten empfehlen, täglich mindestens 15 mg Karotene zu essen, um sich vor Krebs, Herz-Kreis- lauf-Erkrankungen, Rheuma und Grauem Star zu schützen. Wichtig ist aber, dass die Karotene direkt aus

Karotene bilden eine der 10 Stoffgruppen, in die sekundäre Pflan- zenstoffe eingeteilt werden. Die einzelnen Stoffgruppen entfalten unterschiedliche Ge- sundheitswirkungen

Obst und Gemüse stammen, da Vita- min-Präparate meist nur Betakarotin, also eine der über 600 Verbindungen enthalten. Den aktiven Zellschutz be- wirkt jedoch erst das Zusammenspiel der verschiedenen Karotene in Wech- selwirkung mit weiteren Inhaltsstof- fen wie Vitaminen oder Rohfaser.

Eine Studie schwedischer Medi- zinwissenschaftler belegt, dass isolier- te Betakarotin-Gaben eher schaden als nützen. Frauen, die täglich hohe Mengen Karotene aus Obst und Gemüse zu sich nahmen, hatten ein 30 % geringeres Brutkrebsrisiko als die Kontrollgruppe. In der Gruppe der Frauen, die reines Betakarotin aus Präparaten einnahmen, trat im Ver- gleich zur Kontrolle sogar 25 % mehr Brustkrebs auf.

Sekundäre Pflanzenstoffe im Kürbis

In Bezug auf die Karotenschutzstoffe sind die meisten der intensiver ge- färbten, lagerfähigen Kürbisse den hellfleischigen Zucchini, Rondini und Squashes (Patissons) weit überlegen. Je nach Sorte und Wachstumsbedin- gungen schwanken die Gehalte zwi- schen 1 und 10 mg Karoten pro 100 g Fruchtfleisch.

Indem die Kürbiskarotene freie Sauerstoff-Radikale einfangen, ver- hindern sie, dass leicht oxidierbare Zellsubstanzen wie ungesättigte Fett- säuren angegriffen werden und als Folge Tumore entstehen. Um die Zel- len nachhaltig vor Krebs zu schützen,

Die besten Karotenspender

Karotengehalt in mg pro 100 g

Paprika rot	28
Grünkohl	27
Möhre	12
Kürbis	10
Petersilie	7
Feldsalat	4
Tomate	4
Spinat	4
Mangold	3
Aprikose	3
Brokkoli	2
Paprika grün	1

empfehlen Wissenschaftler der Bundesforschungsanstalt für Ernährung in Karlsruhe, täglich so viele Karotene zu sich zu nehmen, wie in jeweils einem Glas Karottensaft und Tomatensaft enthalten sind.

Karotene beugen aber nicht nur Krebs vor, sie wirken auch als „Arterienputzer". Dadurch verhindern sie Herz-Kreislauf-Erkrankungen, die entstehen, wenn sich an den Herzkranzgefäßen Ablagerungen bilden und die Arterien verstopfen. Weitere Wirkungen der Karotene: Sie beugen Linsentrübungen wie dem Grauen Star vor und unterstützen das Immunsystem, indem sie die Anzahl der Killerzellen erhöhen und die Helferzellen aktivieren.

In Kürbissen finden sich außer Karotenen die ebenfalls zu den bioaktiven Substanzen zählende Stoffgruppe der Phytosterine. Diese schlagkräf-

Kürbisfleisch wirkt entwässernd und harntreibend. Es hilft, Wasseransammlungen im Gewebe aufzulösen und Giftstoffe auszuschwemmen

tigen Cholesteringegner reduzieren auch das Risiko an Darmkrebs zu erkranken, indem sie verhindern, dass zu viel der krebserzeugenden sekundären Gallensäure entsteht.

Entschlackende Kürbiskur

Den Frühlingsentschlackern Spargel und Erdbeere stehen die Herbstputzer Kürbis und Traube gegenüber. Allen gemeinsam ist der hohe Kaliumgehalt. Dieser Mineralstoff reguliert den Wasserhaushalt und unterstützt weitere Inhaltsstoffe, die unsere Körperzellen entwässern.

Wie Spargel-, Erdbeer- und Traubenkuren tragen Kürbiskuren dazu bei, all jene Beschwerden zu lindern, die durch Verschlackung des Körpers verstärkt werden: Hautunreinheiten, Kopfschmerzen und Verdauungsstörungen. Um einen spürbaren Entschlackungseffekt zu erzielen, sollte man zwei Wochen lang täglich 500 g Kürbisfleisch essen und die Zellreinigung unterstützen, indem man zwei bis drei Liter Tee, Wasser und Obstsäfte trinkt. Wichtig ist dabei auch viel Bewegung an der frischen Luft.

Zur Info

Gesundheits-Tipp

Einige Gesundheitsstoffe – dazu zählen die Karotene – sind so fest in die Zellwände eingebunden, dass sie nur durch Erhitzen frei kommen und für unseren Organismus verwertbar werden. Die deutsche Gesellschaft für Ernährung rät daher, ein Viertel der 600 g Obst und Gemüse, die wir täglich essen sollten, zu kochen.

Fit und Gesund

100 g Kürbiskerne enthalten

Fett	35–50 g
Eiweiß	30–40 g
Kohlenhydrate	4–8 g
Ballaststoffe	5–12 g
Mineralstoffe	4–5 g
Wasser	6–7 g
Energie	550–600 kcal
	(2290–2500 kJ)

■ Gehaltvolle Kerne

Mit den Samen sichern sich die Pflanzen den Fortbestand ihrer Art. Die Samen müssen dem jungen Keimling so lange Nährstoffe liefern, bis er ausreichendes Wurzelwerk und genügend Blattfläche entwickelt hat, um sich selbst zu versorgen. Dies erklärt die enorme Nährstoffdichte von Pflanzensamen. Ihr hoher Gehalt an Fetten und Eiweißen spiegelt sich in der Kalorienzahl wider. Kürbiskerne kommen auf bis zu 600 kcal pro 100 g,

Walnusskerne liefern sogar 700 kcal pro 100 g Kerne. Wertvoll ist auch ihr Gehalt an Mineralstoffen und Spurenelementen.

Konservierende Vitamine

Fetthaltige Samen liefern besonders viel Vitamin E, da dieses Antioxidans verhindert, dass die Fettsäuren rasch oxidieren beziehungsweise ranzig werden. 100 g Kürbiskerne enthalten 30 mg Vitamin E, mehr hat nur der ungeschälte Leinsamen zu bieten.

Vitamin E bewahrt den Körper vor vorzeitigen Alterungsprozessen und regelt zusammen mit Vitamin C die Fettverbrennung. Zugleich aktiviert Vitamin E die Gehirnzellen und erhält so die Lernfähigkeit bis ins hohe Alter.

Wertvolle Fette

Für unsere Ernährung sind ungesättigte Fettsäuren besonders wertvoll,

Die Samen der meisten Kürbissorten sind von einer hellen, zähen und nicht essbaren Schale umgeben. Sie zu schälen ist sehr mühselig

51

allen voran die Linolsäure. Täglich sollten wir 10 g davon aufnehmen, um Hauterkrankungen, Muskelschwäche, Wachstums- und Fruchtbarkeitsstörungen zu vermeiden. Kürbiskerne bestehen zu 50 % aus Fett – vier Fünftel davon sind ungesättigte Fett- oder Ölsäuren: 20 bis 30 % einfach ungesättigte, 45 bis 65 % mehrfach ungesättigte Linolsäure, 10 bis 15 % Palmitinsäure und 5 % Stearinsäure.

Reichlich Mineralstoffe

Beeren zählen zu den besten Mineralstoffspendern, weil man ihre Samen mit isst. Das gilt auch für die größte Beere der Welt, den Kürbis. Am auffälligsten sind bei Kürbiskernen die Gehalte an Zink und Selen. Aber auch Kalium, Kalzium, Magnesium, Phosphor, Eisen und Mangan spenden die Kerne reichlich.

Allerdings sind die Samen der meisten Sorten von einer Schale umhüllt, die sich schwer entfernen lässt. Nur wenige machen sich die Mühe des Schälens. Stattdessen bieten sich die Kerne schalenloser Sorten an, die inzwischen fast überall erhältlich sind.

In Bezug auf das Spurenelement Zink gibt es keine reichhaltigere pflanzliche Quelle: Kürbiskerne enthalten davon 6,4 mg pro 100 g. Zink stabilisiert die Zellmembranen und unterstützt zahlreiche Enzyme. Leiden Kinder unter extremem Zinkmangel, stellt sich Zwergwuchs ein,

Aufgelegte Kürbisblätter lindern nicht nur Zerrungen und Prellungen, der Blättersaft auf der Haut vertreibt auch lästige Insekten

Kürbiskerne gelten als „Launeheber", da sie viel Mangan und Zink enthalten. Diese beiden Spurenelemente tragen dazu bei, dass wir Zuversicht und Glück empfinden

Erwachsene ergrauen bei Zinkmangel vorzeitig.

Außer Zink liefern Kürbiskerne aber auch vergleichsweise viel Selen. Das Spurenelement schützt die Zellen vor freien Radikalen, zusammen mit Vitamin C, E und Karotenen. Selen aktiviert auch das Immunsystem, hemmt Entzündungen, reguliert den Blutdruck und beugt Arteriosklerose vor.

■ Der Kürbis in der Medizin

In Mittel- und Südamerika, dem Ursprung der Kürbisgewächse, spielte das Fruchtfleisch selbst zunächst keine Rolle, es schmeckte zu bitter. Von medizinischem Nutzen waren vorwiegend die Blätter, die bei Prellungen, offenen Wunden und Insektenstichen verwendet wurden. Teilweise galten auch Wickel mit Fruchtfleisch- oder Wurzelbrei als schmerzlindernd und wundheilend.

Bereits im 1. Jahrhundert n. Chr. beschrieben Plinius und Dioskurides die Heilkraft von Kürbisarten. Wickel aus zerstoßenem Kürbisfleisch sollten Geschwüre und Schwellungen heilen. Mischungen aus Kürbisfleisch, Wermut und Salz galten als Zahnwehmittel. Locker sitzenden Zähnen sollte eine Kürbissaft-Essig-Tinktur wieder Halt verschaffen. Auch heute noch empfiehlt die Naturheilpraxis, bei Wunden, Entzündungen und Krampfadern frisches Kürbisfleisch aufzulegen.

Mittelalterliche Kürbisheilkunde

Der Botaniker und Mediziner Leonhard Fuchs traute dem Kürbisfleisch nahezu alle denkbaren Heilwirkungen zu. Er hielt daher für jedes Leiden ein Kürbisrezept bereit: eine Rosenöl-Kürbissaft-Tinktur gegen Ohrenschmerzen oder Kürbissaft mit Honig gegen Bauchweh. Auch bei Ruhr, Blasenschwäche, Lungenkrankheiten und Darmbeschwerden sollten Kürbisbereitungen Abhilfe schaffen.

Die Botaniker Matthiolus und Camerarius schrieben dem Kürbis ähnliche Heilkräfte zu. Der Arzt Johannis von Benerwych bestätigte auch die von Leonhard Fuchs der Wurzel zugeschriebenen Heilkräfte: „Die wurzel gedorrt, gepulvert macht speien". Dadurch wird der Magen „ohne alles Ungemach" gesäubert. Dagegen wirkt Kürbisfleisch genau umgekehrt: es lindert Seekrankheit und Brechreiz während der Schwangerschaft.

Kürbisblätter kann man nicht nur äußerlich anwenden, sie lassen sich auch als Spinatersatz zubereiten

Kürbisheilkunde heute

Bei Verstauchungen, Prellungen und Entzündungen werden Kürbisaufbereitungen auch heute noch äußerlich angewendet. Worauf der heilungsfördernde Effekt beruht, ist nicht bekannt.

Äußerliche Anwendungen:

- Bei Verspannungen im Nacken oder Rücken wirken Massagen mit Kürbiskernöl entkrampfend.
- Muskelkater, Zerrungen und Prellungen lassen sich durch wiederholtes Einreiben mit Kürbiskernöl lindern.
- Bei Verstauchungen und Blutergüssen helfen Wickel mit gemahlenen Kürbiskernen: 100 g fein zerkleinerte Kerne mit 10 ml Kürbiskernöl mischen und die Masse auf der betroffenen Stelle 15 Minuten einwirken lassen.
- Kompressen mit frisch geraspeltem Kürbisfleisch lindern leichte Augenentzündungen.
- Wer unter Krampfadern und schwachen Venen leidet, kann roh geraffeltes, kühles Kürbisfleisch auflegen. Einwirkzeit: 10 Minuten.

Innere Anwendungen:

Innerlich angewendet ist der Kürbis mit seiner milden, aber nachgewiesen effektiven Wirkungsweise aus der Heilkunde nicht mehr wegzudenken.

- Aufgrund der im Kürbis enthaltenen Aminosäure Cucurbitin wirken Kürbiskerne als schonendes Mittel

53

Schönheit aus Kürbissen

Für die Schönheit von innen sorgen wertvolle Inhaltsstoffe des Kürbisses wie die Vitamine des B-Komplexes, Vitamin C, Vitamin E und verschiedene Mineralstoffe. Äußerlich angewandt entfalten Kürbisprodukte ebenfalls ein breites Wirkungsspektrum: Sie halten die Haut rein, jung und zart. Kürbiskernöl tut auch den Nägeln und Haaren gut.

■ Reinigende Kürbiskerne und Kürbisfleisch

Bei unreiner Haut und Sonnenbrand helfen Kürbiskerne und Kürbisfleisch. Der pH-Wert des Kürbisfleisches entspricht mit 5 bis 5,5 dem unserer Haut und unterstützt so ihren Säureschutzmantel. Kürbissaft, aus dem Fleisch gepresst, klärt unreine Hautpartien und lindert gereizte Stellen.

Anwendungen mit Kürbiskernen und Kürbisfleisch

- Mit dem beim Garen von Kürbiskernen gewonnenen, warmen Saft wird ein Mulltuch durchtränkt. Diese Kompresse muss mindestens 15 Minuten auf die Gesichtshaut einwirken. Danach sieht die Haut frisch und rosig aus.
- Klärend wirkt ein Peeling aus 1 Esslöffel fein gemahlener Kürbiskerne, die mit etwas Wasser oder Milch zu einer Paste vermischt werden. Das Gesicht wird damit gründlich einmassiert und das Peeling nach kurzer Einwirkung mit warmem Wasser abgespült. Danach nicht sofort eincremen.

- Bei Sonnenbrand hilft eine Auflage aus gut gekühltem Kürbispüree.

■ Pflegendes Kürbiskernöl

Pflanzliche Öle sorgen für die Rückfettung spröder, trockener Haut. Die in Kürbiskernöl enthaltenen Vitamine A, E und die Stoffgruppe der Phytosterine unterstützen die pflegende Wirkung der Fettsäuren. Aber nicht nur rissige Haut erhält die Geschmeidigkeit zurück, auch die Hautalterung wird verzögert.

Anwendungen mit Kürbiskernöl

- 10 ml Kürbiskernöl im Badewasser wirken auf die Haut glättend und entspannend.
- Hautmassagen mit einigen Tropfen Kürbiskernöl oder Kürbiskern-Mandelöl-Mischungen halten die Haut glatt und zart.
- Die Bauchhaut täglich zweimal mit Kürbiskernöl oder Ölmischungen einreiben bewahrt vor Schwangerschaftsstreifen.
- Ölpackungen, geschützt durch feine Baumwollhandschuhe, geben trockenen, rissigen Händen über Nacht die Geschmeidigkeit zurück.

Fit und Gesund

Der Ölkürbis liefert die medizinisch wirksamen Kerne

gegen Darmwürmer. Da es keinerlei Nebenwirkungen gibt, empfiehlt sich die Kürbiskern-Wurmkur vor allem für Kinder, Leberkranke und Schwangere. Man muss 10 Tage lang jeden Morgen 30 g zerkleinerte Kürbiskerne essen und am letzten Tag als Abführmittel 1 Tasse Kaffee mit 2 Teelöffeln Rizinusöl trinken. Wer es sich zutraut, kann auch eine Schnellkur machen: 300 g zerkleinerte Kürbiskerne auf nüchternen Magen essen und 2 Stunden später einer Tasse Kaffee mit 2 Teelöffeln Rizinusöl trinken. Diese Schnellkur sollte man tags darauf wiederholen.

Kürbiskerne zählen zu den Naturarzneien, die nicht nur vorbeugen, sondern auch heilen

- Wird Brechreiz durch Reisekrankheit oder Schwangerschaft hervorgerufen, schafft rohes Kürbismus Abhilfe. Das milde, wasserreiche Fleisch beruhigt den Magen.
- Ist schwache Blasenmuskulatur Ursache für Reizblase, lindern Kürbiskerne die Beschwerden. Die reichlich enthaltene Linolsäure trägt dazu bei, die beteiligten Muskeln zu koordinieren, Vitamin E kräftigt das Bindegewebe und die Muskulatur.
- Kürbiskerne helfen vorbeugend gegen Blasensteine. Sie verhindern, dass sich Kalziumoxalatkristalle zu Steinen verbinden.
- Das Bundesgesundheitsamt hat die positive Wirkung von Kürbiskernen auf die Prostata bestätigt. Bei gutartiger Prostatavergrößerung (Adenom) gibt es drei Entwicklungsstadien. Kürbiskerne verlangsamen die Vergrößerung. Im Anfangsstadium können sie sogar Stillstand bewirken. Wirksame Tagesdosis sind 10 Gramm Kürbiskerne; das sind gut 50 Stück oder soviel, wie man in die Haut einer Pflaume füllen könnte.

Fit und Gesund

Feine Rezepte

Feine Rezepte

Kürbis einmal anders

Damit der Kürbis seinem Ruf als kulinarische Wiederentdeckung gerecht werden kann, muss zunächst einmal die Sorte stimmen. Man muss ihn aber auch gekonnt zubereiten und mit den richtigen Zutaten kombinieren. Die Verwertungsmöglichkeiten sind beinahe so zahlreich wie die Sorten selbst.

Dass sich der Kürbis vom Armeleuteessen zum Gourmetgemüse gemausert hat, ist dem besseren Sortenangebot zu verdanken. Andererseits konnte sich ein breites Sortenspektrum am Markt erst durchsetzen, seit die Nachfrage entsprechend hoch ist. Inzwischen gibt es für jeden Verwendungszweck die geeignete Sorte.

Ein verbreiteter Kürbis für jeden Zweck ist 'Roter Hokkaido'

■ Passende Sorten

Abgesehen von persönlichen Vorlieben, die sich mit der Zeit heraus kristallisieren, helfen einige Grundregeln bei der Sortenwahl für unterschiedliche Rezepte. Will man eher neutral schmeckende, große Massenkürbisse wie 'Gelber Zentner' verwerten, bieten sich Rezepte mit kräfti-

Kürbisse harmonieren mit einer Vielzahl von frischen Gartenkräutern

Kürbissorten mit essbarer Schale

Kürbissorte	Fruchtgewicht in g
Baby Boo	200–600
Black Forest	300–1500
Blue Kuri	500–2000
Buttercup	500–2000
Delica	500–2000
Futsu Black Rinded	500–1500
Grüner Hokkaido	500–2000
Hokkori	300–1500
Jack be Little	200–800
Roter Hokkaido	500–2000
Snow Delight	500–2000
Sweet Dumpling	300–700

gen Gewürzen an, beispielsweise herzhafte Suppen, Chutneys oder süßsauer Eingelegtes. Für Kuchen und andere Süßspeisen eignen sich eher trockenfleischige, süß aromatische Sorten wie 'Buttercup', 'Butternut', 'Hokkaido' oder 'Muskatkürbis'. Sie geben allerdings auch herzhaften Gerichten eine besonders feine Note. Je nach der gewählten Sorte kann ein und dasselbe Rezept ganz unterschiedliche Geschmackserlebnisse bieten.

■ Geeignete Zutaten

Eine nussig-aromatische Sorte schmeckt – in wenig Olivenöl gedüns-

tet – ohne jede weitere Zutat. Zu Suppen und kräftigen Hauptgerichten passen Kräuter wie Basilikum, Boretsch, Currykraut, Dill, Petersilie, Thymian und in nicht zu großen Mengen Schnittlauch. Als unterstützende Gewürze bieten sich neben Salz und frischem Pfeffer auch Chili, Curry, Paprika, Piment und Muskatnuss an.

Eine kleine Prise Zucker wirkt als unbedenklicher Geschmacksverstärker. Bei einigen Rezepten lässt sich ein Teil der angegebenen Menge an Gemüsebrühe durch Karottensaft ersetzen. Er harmoniert ausgezeichnet mit Kürbissen und liefert zusätzliche Gesundmacher.

Mit einem Spargelschäler lassen sich glattschalige Kürbissorten problemlos schälen

■ Richtige Mengen

Kürbisse unterscheiden sich bezüglich Aussehen, Größe und Geschmack. Zudem haben sie abweichende Anteile an verwertbarem Fruchtfleisch. Die leicht zu verarbeitenden Sorten 'Butternut', 'Langer aus Nizza' und 'Trombolino' liefern über 90 % Fruchtfleisch, bezogen auf die gesamte Kürbisfrucht. Bei Sorten mit anderen Anteilen an Samen und Schale kann bis zu 50 % Abfall anfallen.

Deshalb nennt die Zutatenliste der Rezepte die erforderliche Kürbis-

1 Bd	=	1 Bund
1 EL	=	1 Esslöffel
1 Ms	=	1 Messerspitze
1 P	=	1 Päckchen
1 TL	=	1 Teelöffel

Zur Info

Tipp zum Schälen

Im rohen Zustand lassen sich glattschalige Sorten rasch und sauber mit einem Spargelschäler vorbereiten.
Schwierig ist es bei den extrem hartschaligen oder warzigen Sorten wie 'Chioggia', 'Hubbard'-Varianten und 'Türkenturban'. Manchmal bietet es sich an, den Kürbis roh in Stücke zu zerteilen und segmentweise zu schälen. Kleinere Kürbisse kann man ungeschält garen und dann mit einem Löffel das Fleisch aus der Schale lösen.

menge in Gramm Fruchtfleisch – je nach Sorte und Belieben mit oder ohne Schale. Sorten, deren Schale gut verzehrbar ist, sollte man möglichst auch nicht schälen, denn dabei gehen wertvolle Inhaltsstoffe verloren. Außer rechtzeitig geernteten Zucchini, Squash und Rondini umhüllen die meisten Hokkaido-Sorten essbare Schalen (siehe Übersicht Seite 58).

Suppen, Salate & Beilagen

Zucchini-Suppe mit Blüten

Zutaten für 4 Portionen

500 g	Zucchini
100 g	Zucchiniblüten
500 ml	Gemüsebrühe
50 g	Crème fraîche
1	Zwiebel
1	Knoblauchzehe
1	fr. Pepperoni-Schote
2 EL	Olivenöl
	Salz, Pfeffer
3 EL	gehackte Kräuter, z.B. Petersilie, Kerbel, Thymian, Boretsch

- ▶ Zucchiniblüten von Stempel oder Staubgefäßen befreien, 1 Blüte beiseite legen
- ▶ Die übrigen Blüten grob in Streifen schneiden
- ▶ Zucchini waschen und in Scheiben zerteilen
- ▶ Zwiebeln und Knoblauch fein schneiden
- ▶ Pepperoni waschen, Stielansatz und Scheidewände entfernen, Fruchtwand in Streifen schneiden
- ▶ Die Gemüsezutaten in Olivenöl kurz anbraten
- ▶ Mit Gemüsebrühe aufgießen, Kräuter und Gewürze zugeben und 15 Minuten köcheln
- ▶ Suppe pürieren, Crème fraîche unterrühren, nochmals erhitzen
- ▶ Vor dem Servieren mit der beiseite gelegten, sehr fein geschnittenen Zucchiniblüte garnieren.

TIPP

Mit Einlagen wie Putenstreifen oder Pilzen und reichlich Croutons wird die hellgrüne Cremesuppe zum Hauptgericht.

Leichte Kürbissuppe

Zutaten für 4 Portionen

600 g	Kürbisfleisch
700 ml	Gemüsebrühe
100 ml	Milch oder saure Sahne
½ Bd	Schnittlauch
	Salz, Pfeffer, Muskatnuss

- ▶ Den Kürbis in kleine Stücke zerteilen
- ▶ Kürbisfleisch in der Gemüsebrühe aufkochen, 5 bis 10 Minuten garen und anschließend passieren
- ▶ Milch oder saure Sahne und Gewürze zugeben und nochmals kurz aufkochen
- ▶ Vor dem Servieren mit Schnittlauch überstreuen.

TIPP

Verfeinern Sie diese einfache Suppe „für jeden Tag" mit einem Teelöffel Kürbisöl und einem Esslöffel fein gehackten Kürbiskernen.

Edle Kürbiscreme-Suppe

- ▶ Den Kürbis in grobe Würfel zerteilen
- ▶ Die Kürbiswürfel in der Gemüsebrühe gar kochen und anschließend passieren
- ▶ Karottensaft, Sahne und Gewürze zugeben, kurz aufkochen und vom Herd nehmen
- ▶ Kürbiskernöl und Dillspitzen unterrühren
- ▶ Die Suppe anrichten, dann fein gehackte und eventuell kurz geröstete Kürbiskerne darüberstreuen.

TIPP

Variieren Sie den Geschmack durch die Wahl der Kräuter: Es eignen sich auch glatte Petersilie, Schnittlauch oder Kerbel. Oder probieren Sie Kümmel anstelle des Cumins.

Zutaten für 4 Portionen

600 g	Kürbisfleisch
300 ml	Gemüsebrühe
300 ml	Karottensaft
100 ml	süße Sahne
1 TL	Kürbiskernöl
1 EL	Kürbiskerne
½ Bd	Dill
	Salz, Pfeffer, wenig Cumin (Kreuzkümmel)

Pikanter Kürbissalat

- ▶ Kürbisfleisch und geputzte Karotten fein raspeln
- ▶ Rettich putzen und grob raspeln
- ▶ Apfel waschen, entkernen und in feine Stücke schneiden
- ▶ Alle Zutaten mischen und fein geschnittenen Schnittlauch zugeben
- ▶ Soßenzutaten verrühren und gut mit dem Salat vermengen
- ▶ Mit Kräuterblättchen garnieren.

TIPP

Milder schmeckt der Salat, wenn man den Rettich durch Radieschen-Scheiben ersetzt.

Zutaten für 4 Portionen

300 g	Kürbisfleisch
100 g	Karotten
100 g	scharfer Rettich
1	kleiner Apfel
½ Bd	Schnittlauch

Zutaten für die Salatsoße

2 EL	Olivenöl
3 EL	Zitronensaft
½ EL	Senf
½ TL	Zucker
	Pfeffer, Salz
	Kerbel- oder Petersilienblättchen

Feine Rezepte

Apfel-Kürbis-Salat

- ▶ Kürbis raspeln
- ▶ Äpfel waschen, entkernen und in feine Stifte schneiden
- ▶ Apfelstifte und gehackte Walnüsse oder Kürbiskerne mit geraspeltem Kürbisfleisch mischen und feingeschnittene Petersilie zugeben
- ▶ Alle Soßenzutaten verrühren und mit der Kürbismischung vermengen
- ▶ Gewaschenen und geputzten Feldsalat auf Tellern verteilen und die Kürbissoße darüber geben.

Zutaten für 4 Portionen

300 g	Kürbisfleisch
3	kleine rote Äpfel
2 EL	gehackte Walnüsse oder Kürbiskerne
½ Bd	Petersilie
100 g	Feldsalat

Zutaten für die Salatsoße

1	Zitrone (Saft)
2 EL	Olivenöl
2 EL	saure Sahne
1 Ms	fr. geriebenen Ingwer
1 TL	Zucker
½ TL	Senf
	Salz, Pfeffer

TIPP

Herb-würzig schmeckt das Gericht, wenn man den Feldsalat durch Chicoree oder Radicchio ersetzt.

Zucchini-Kresse-Salat

- ▶ Zucchini waschen und fein stifteln
- ▶ Tomate waschen und würfeln
- ▶ Apfel und Paprika waschen und in schmale Streifen schneiden
- ▶ Zwiebel, Essiggurke und Ei fein hacken
- ▶ Hartkäse stifteln
- ▶ Kresse waschen und abtropfen lassen
- ▶ Für die Soße alle Zutaten gut verrühren und unmittelbar vor dem Servieren über den Salat gießen.

Zutaten für 4 Portionen

200 g	Zucchini
1	Fleischtomate
1	Apfel
1	Paprika
1	Zwiebel
1	Essiggurke
1	gekochtes Ei
100 g	milder Hartkäse
1	Handvoll Kresse

Zutaten für die Soße

3 EL	Apfelessig
3 EL	Aceto balsamico
6 EL	Olivenöl
½ TL	Zucker
	Salz, Pfeffer

TIPP

Verwenden Sie anstelle von Ei und Essiggurke grüne und schwarze Oliven, ersetzen den Hartkäse durch Schafskäse und die Kresse durch Basilikum – schon wird ein Mittelmeer-Salat daraus!

Feine Rezepte

Zucchini-Zwetschen-Salat

Zutaten für 4 Portionen

300 g	Zucchini
1	grüße Fleischtomate
10	Zwetschen

Zutaten für die Salatsoße

1 EL	Essig
1 EL	Zwetschenmus
1 EL	Curryketchup
2 EL	Majonäse
	Pfeffer, wenig Salz

▶ Zucchini waschen und grob raspeln
▶ Tomate waschen, Stielansatz entfernen, dann das Fruchtfleisch würfeln
▶ Zwetschen waschen, halbieren und die Hälften in sehr schmale Streifen schneiden
▶ Für die Soße Pflaumenmus, Essig, Ketchup, Majonäse und Gewürz mischen
▶ Zucchini, Tomate und Zwetschen mischen, unmittelbar vor dem Servieren die Soße unterrühren.

TIPP

Anstelle der Zwetschen eignen sich auch Aprikosen und Aprikosenkonfitüre.

Zucchini-Apfel-Spieße

Zutaten für 4 Portionen

4	kleine Zucchini
2 EL	Olivenöl
4	Äpfel
30	Trauben
300 g	Hart- oder Schafskäse
30	Partyspieße
	oder Zahnstocher
	Pfeffer, Salz, Rosmarin
	Kräuterblättchen

▶ Gereinigte Zucchini in 2 cm dicke Scheiben schneiden, würzen und im Olivenöl kurz anbraten, dann abkühlen lassen
▶ Äpfel und Trauben waschen, Äpfel in kleine Stücke zerteilen
▶ Käse in Würfel von etwa 1,5 cm Kantenlänge schneiden
▶ Je 1 Zucchinischeibe, 1 Apfelstück, 1 Käsewürfel und 1 Traubenbeere auf einen Partyspieß oder Zahnstocher stecken
▶ Spieße auf einem Teller oder einer Platte arrangieren und mit Kräuterblättchen der Saison garnieren.

TIPP

Ersetzen Sie einen Teil der Äpfel durch Birnen.

Hauptgerichte

Kräuter-Kürbis-Schnitzel

Zutaten für 4 Portionen	
800 g	Kürbisfleisch
180 g	Semmelbrösel
2	Eier
1 EL	frische, gehackte Kräuter
1 EL	Sesamsamen
	Pfeffer, Salz
	Olivenöl zum Ausbacken

▶ Kürbisfleisch in knapp 1 cm dicke Scheiben schneiden
▶ Eier mit Pfeffer und Salz verquirlen
▶ Semmelbrösel mit Kräutern und Sesamsamen vermischen
▶ Kürbisscheiben erst in Eimasse und dann in Semmelbröseln wenden; anschließend im heißen Öl goldgelb ausbacken.

TIPP

Würzige Kürbissorten schmecken auch ohne Paniermehl-Kräuter-Mantel in der Pfanne gebraten.

Zucchini-Schiffchen mit Kräutern

Zutaten für 4 Portionen	
4	Zucchini (15–20 cm lang)
1	rote Paprika
100 g	Hartkäse
100 ml	Gemüsebrühe
20	Basilikumblätter
½ Bd	Petersilie
½ Bd	Schnittlauch
1	Handvoll frische Kräuter
1 EL	Semmelbrösel
	Salz, Pfeffer

▶ Zucchini waschen, längs halbieren und das Fruchtfleisch herauskratzen; dabei einen Rand von knapp 1 cm stehen lassen
▶ Zucchinihälften in reichlich Salzwasser 5 Minuten blanchieren, dann gut abtropfen lassen
▶ Herausgekratztes Zucchinifleisch und die geputzte Paprika-Schote fein schneiden
▶ Kräuter fein hacken und mit Zucchinifleisch, Paprikawürfelchen, der Hälfte des geriebenen Hartkäses und den Gewürzen mischen
▶ Die Füllung in die Zucchinischiffchen verteilen, restlichen Käse und Semmelbrösel darüber streuen
▶ Die gefüllten Hälften in eine Auflaufform setzen und mit Gemüsebrühe angießen
▶ Bei 180 °C im Backofen 30 Minuten überbacken.

TIPP

Verwenden Sie frische Kräuter wie Oregano, Thymian, Kerbel, Zitronenmelisse oder Estragon.

Feine Rezepte

Kürbis-Nudel-Teller

Zutaten für 2 Portionen	
600 g	Kürbisfleisch
200 g	Hähnchenbrustfleisch
300 g	Bandnudeln
500 ml	helle Soße
100 g	Hartkäse
8	Walnüsse
1	Zitrone
1 EL	Sesamsamen
3 EL	Olivenöl
1 EL	Thymian oder
	Kräuter der Provence

- ▶ Kürbisfleisch stifteln und bissfest garen
- ▶ Hähnchenfleisch in dünne Streifen schneiden, mit Zitronensaft übergießen, in Sesamsamen wälzen, dann 3 Minuten in Olivenöl anbraten
- ▶ Nudeln in reichlich Salzwasser bissfest kochen
- ▶ 500 ml helle Soße zubereiten, Kräuter mitkochen
- ▶ Nudeln und Kürbisfleisch auf Teller anrichten, heiße Hähnchenstreifen und gehackte Walnüsse darauf verteilen, geriebenen Käse darüberstreuen, zuletzt mit der Soße übergießen.

TIPP

Geschmackliche Variationen ergeben sich durch die Wahl der Kräuter.

Kartoffel-Zucchini-Gratin

Zutaten für 2 Portionen	
400 g	gekochte Kartoffeln
400 g	Zucchini
300 g	Tomaten
200 g	Mozzarella
100 ml	Sahne
1	Ei
50 g	Parmesan
2 EL	Kartoffelstärke
	Schnittlauch, Petersilie
2 EL	Semmelbrösel
	Salz, Pfeffer,
	Muskatnuss

- ▶ Zucchini und Tomaten waschen; Zucchini in 1 cm dicke Scheiben, Tomaten in 0,5 cm dicke Scheiben schneiden
- ▶ Kartoffeln in 1 cm große Scheiben schneiden und abwechselnd mit Tomaten und Zucchini dachziegelartig in eine gefettete Auflaufform schichten
- ▶ Ei, Sahne und Kartoffelstärke glattrühren, feingeschnittene Kräuter zugeben, würzen und über das Gemüse gießen
- ▶ Dünne Mozzarellascheiben gleichmäßig verteilen, dann geriebenen Parmesan und Semmelbrösel darüber streuen
- ▶ Im Backofen bei 170 °C etwa 30 Minuten backen.

TIPP

Variieren Sie einfach die Käsesorten – nehmen Sie beispielsweise herzhaften Hartkäse anstelle von Mozzarella.

Feine Rezepte

Herzhafter Zucchini-Kuchen

▶ Zucchini und Karotten waschen und fein würfeln, dann getrennt 5 Minuten blanchieren

▶ Schnittlauch oder Frühlingszwiebeln fein schneiden

▶ Eine mit kaltem Wasser ausgespülte Kuchenform mit dem Blätterteig auslegen; dabei einige schmale Teigstreifen zum Verzieren zur Seite legen

▶ Das gut abgetropfte Gemüse in die Form geben, Schinken und Käse darauf verteilen

▶ Sahne und Eier verquirlen, würzen und über die Füllung gießen

▶ Mit Blätterteigstreifen ein Muster legen, dann die Streifen mit Milch bepinseln

▶ Bei 180 °C etwa 40 Minuten backen.

Zutaten für eine Form (Ø 28 cm)

300 g	Blätterteig
500 g	Zucchini
500 g	Karotten
150 g	gekochter Schinken
100 g	Hartkäse
200 ml	Sahne
4	Eier
2 Bd	Schnittlauch oder Frühlingszwiebeln
	Pfeffer, Muskat

TIPP

Das Gericht eignet sich gut zum Vorkochen. Es wird einfach vor dem Essen kurz aufgebacken.

Backofen-Kürbis

▶ Kürbis waschen, halbieren und entkernen

▶ Innenflächen mit Olivenöl bestreichen, würzen und mit Kräutern bestreuen

▶ Die Hälften mit der Öffnung nach oben auf ein Backblech setzen und bei 180 °C etwa 45 Minuten grillen.

Zutaten für 4 Portionen

1	runder Kürbis (ca. 1500 g)
5 EL	Olivenöl
	Salz, Pfeffer, Curry
	Kräuter der Provence

TIPP

Füllen Sie den Kürbis mit einer pikanten Gemüsemischung, verfeinert mit herzhaftem Käse oder Schinken.

Feine Rezepte

Desserts & Kuchen

Halloween-Pudding

Zutaten für 4 Portionen	
250 g	Kürbispüree
2	Eier
80 g	Zucker
50 g	Apfelmus
200 ml	Sahne
5	Walnüsse
	Muskat, Zimt

▶ Kürbispüree herstellen
▶ Eier und Zucker schaumig rühren, zum Schluss die Gewürze untermischen
▶ Steif geschlagene Sahne, Kürbispüree und Apfelmus unterheben
▶ Die Masse in eine gefettete Auflaufform füllen und im Wasserbad 60 Minuten erhitzen
▶ Mit gehackten Walnüssen bestreuen und warm oder kalt servieren.

TIPP

Verfeinern Sie den Kürbispudding nach Belieben vor dem Erhitzen im Wasserbad mit 2 Esslöffeln Kirschwasser oder Himbeergeist.

Frittiertes Sommergold

Zutaten für 4 Portionen	
8	Kürbisblüten
100 g	Mehl
200 ml	Milch
1	Ei
1 EL	Zucker
½ P	Vanillezucker
1	Prise Salz
	Sonnenblumenöl zum Ausbacken

▶ Blüten waschen, Staubgefäße beziehungsweise Stempel heraustrennen, Stiel belassen
▶ Mehl, Eigelb, Zucker, Vanillezucker und Milch gut verrühren
▶ Eiweiß mit 1 Prise Salz steif schlagen, dann unter den Teig heben
▶ Reichlich Öl in einer Pfanne erhitzen. Die Blüten am Stiel halten und durch den Teig ziehen, kurz abtropfen lassen
▶ Teigblüten im heißen Öl 2 Minuten frittieren, dabei wenden
▶ Frittierte Blüten auf einem Küchentuch abtropfen und erkalten lassen
▶ Je 2 Blüten auf einen Teller legen und mit Puderzucker bestäuben.

TIPP

Servieren Sie die Kürbisblüten mit frischen Beeren und heißer oder kalter Vanillesoße.

Kürbis-Vanille-Soufflé

- ▶ Kürbisfleisch im Apfelsaft weich dünsten
- ▶ Mit Zucker und Vanille zu glattem Püree verrühren
- ▶ Das Püree mit Eigelb binden
- ▶ Steif geschlagenes Eiweiß unterheben
- ▶ Masse in 4 ausgebutterte Soufflé-Förmchen füllen
- ▶ Bei 180 °C etwa 20 Minuten backen.

Zutaten für 4 Portionen

300 g	Kürbisfleisch
50 g	Apfelfleisch
100 ml	Apfelsaft
150 g	Zucker
4	Eier
1 TL	Butter
1 Ms	Echte Vanille

TIPP

Überstreuen Sie das fertige Soufflé vor dem heiß Servieren mit gehackten Walnüssen, Zimt oder Mandelsplittern.

Kürbis-Quitten-Kuchen

- ▶ Kürbisstücke im Backofen garen
- ▶ Zucker, Vanille, Sahne, Eier und Walnüsse (zur Hälfte gehackt, zur Hälfte gemahlen) zu einem Teig verrühren
- ▶ Cornflakes oder Zwiebackbrösel untermischen
- ▶ Quittenfleisch raspeln und sofort unterrühren
- ▶ Kürbis pürieren und mit dem Teig vermischen
- ▶ Teig in gefettete Kuchenform füllen und bei 180 °C etwa 60 Minuten backen.

Zutaten für 1 Form (Ø 28 cm)

1300 g	Kürbisfleisch
250 g	Quittenfleisch
200 g	Zucker
100 ml	Sahne
100 g	Walnüsse
4	Eier
4 EL	Cornflakes oder Zwiebackbrösel
1 P	Vanillezucker

TIPP

Äpfel oder Birnen eignen sich gleichfalls für diesen saftigen Kuchen.

Feine Rezepte

Blitz-Kürbiskuchen

- ▶ Kürbis schälen und fein raspeln
- ▶ Eier und Zucker schaumig rühren
- ▶ Übrige Zutaten zugeben und gut vermischen
- ▶ Den Teig in eine gefettete Kastenform füllen und bei 180 °C etwa 1 Stunde backen.

TIPP

Den erkalteten Kuchen mit Puderzucker bestreuen oder einen Überzug aus Puderzucker und Milch anrühren.

Zutaten für 1 Kastenform

250 g	Kürbisfleisch
150 g	Zucker
150 g	Mehl
100 g	gemahlene Walnüsse
50 g	Honig
4	Eier
1 TL	Backpulver
1 P	Vanillezucker

Obstsalat mit Kürbis

- ▶ Früchte waschen; Apfel und Birne entkernen; dann mit der Schale in Spalten schneiden
- ▶ Trauben abzupfen
- ▶ Kürbisfleisch fein würfeln
- ▶ Walnüsse grob hacken
- ▶ Obstsaft mit Zucker mischen und über das Obst-Kürbis-Gemisch gießen.

TIPP

Anstelle des Traubensaftes eignen sich auch Apfel- oder Birnensaft. Besonders apart schmeckt der Obstsalat mit Quittensaft.

Zutaten für 4 Portionen

1	Apfel
1	Birne
100 g	blaue Trauben
100 g	weiße Trauben
200 g	Kürbisfleisch
100 ml	Traubensaft
10	Walnüsse
1 EL	Fruchtzucker

Feine Rezepte

Eingemachtes süß & sauer

Zucchini-Chutney

Zutaten für 5 Gläser à 400 g	
1,2 kg	Zucchini
400 g	Äpfel
300 g	Birnen
250 g	Gemüsezwiebeln
125 ml	Apfelessig
100 g	Zucker
1	Zitrone
1	Knoblauchzehe
10 g	frischer Ingwer
1 TL	Senfkörner
1 EL	Salz
	Piment,
	Cumin (Kreuzkümmel)
	Pfeffer

▶ Zucchini waschen und in knapp 1 cm dicke Scheiben schneiden
▶ Gemüsezwiebeln und Knoblauch fein würfeln
▶ Äpfel und Birnen waschen, halbieren, Kerngehäuse entfernen, ungeschält in schmale Spalten teilen
▶ Zucker im Essig auflösen und erhitzen
▶ Früchte, Gemüse, Saft der ausgepressten Zitrone und Gewürze zugeben, das Ganze gut 10 Minuten kochen
▶ Das heiße Chutney randvoll in Gläser mit Schraubverschluss füllen, sofort verschließen.

TIPP

Im Kühlschrank halten sich angebrochene Chutney-Gläser zwei bis drei Wochen.

Ingwer-Kürbis süßsauer

Zutaten für 3000 ml	
2000 g	Kürbisfleisch in Würfeln
800 g	Zucker
500 ml	Apfelessig
150 ml	Apfelsaft
1	Zitrone
50 g	frischen Ingwer
2	Zimtstangen
2	Sternanis
10	Gewürznelken

▶ Kürbis in Würfel schneiden
▶ Zucker, Essig, Apfelsaft und Zitronensaft in einem großen Topf mischen
▶ Ingwer schälen, fein schneiden oder grob raspeln und zusammen mit den übrigen Gewürzen in den Topf geben; das Ganze aufkochen
▶ Kürbiswürfel zugeben und glasig kochen
▶ Das heiße Chutney randvoll in Gläser mit Schraubverschluss füllen und sofort verschließen.

TIPP

Diese klassische Variante lässt sich vielfältig abwandeln. Sie können einen Teil der Kürbismenge durch Paprika oder Cocktailtomaten ersetzen. Anstelle von Zimt und Sternanis eignen sich dann Lorbeerblätter und Wacholderbeeren.

Adressen, Informationsstellen, Literatur

Bezugsquellen

- Arche Noah
  Obere Str. 40
  A–3553 Schloss Schiltern
  Tel.: 0043 (0) 27 34 86 26
  Fax: 0043 (0) 27 34 86 27

- Allerleirauh
  Kronstr. 24
  61209 Echzell
  Tel.: (0 60 35) 812 –16
  Fax: (0 60 35) 812 75
  www.allerleirauh.com
  Saatgut aus Bioanbau

- Ferme de Sainte Marthe
  Ulla Grall
  Eulenweg 3
  55288 Armsheim
  Tel.: (0 67 34) 960 379
  Fax: (0 67 34) 960 014
  60 Kürbissorten,
  Bio-Saatgut

- Hild Samen
  Postfach 1161
  71666 Marbach
  Tel.: (0 71 44) 84 73 11
  Fax: (0 71 44) 84 73 99
  www.hildsamen.com
  Über 10 Kürbissorten

- Jansen
  Postfach 300115
  46399 Bocholt
  Tel.: 0031 (0)315 65 1235
  Fax: 0031 (0)315 65 4706
  info@jansenzaden.nl
  250 Kürbissorten

- Küchengarten
  Reinhold Krämer
  Postfach 1511
  73503 Schwäbisch Gmünd
  Fax: (0 71 71) 3 98 43

- Kürbiserie Vogler
  Falltorstr. 19
  35440 Linden
  Tel.: (0 64 03) 7 12 78
  Fax: (0 64 03) 94 08 81
  www.kuerbiserie.de
  50 Sorten (Samen,
  Pflanzen, Früchte)

- Syringa
  Bachstr. 7
  78247 Hilzingen-Binningen
  Tel.: (0 77 39) 1452
  Fax: (0 77 39) 677
  www.syringa-saatgut.de
  20 Kürbissorten

Kürbisse erleben

Unter dem Motto „Kürbisse erleben" bietet Jucker Farmart die Welt der Kürbisse zum Begreifen – im wörtlichen und übertragenen Sinn. Im Jahr 2000 fand zum 4. Mal die weltgrößte Kürbisausstellung statt – diesmal vor den malerischen Kulissen von Schloss Ludwigsburg im Blühenden Barock. 600 000 Kürbisse, über 300 Sorten, der Weltrekordkürbis 2000 und Kürbiskunst in jeder Form machten Lust auf das vielseitige Gartengewächs. Infos unter www.juckerfarmart.ch

Bildquellen

Werner Baumeister, Stuttgart: Seite 11, 12, 48.
Fridhelm Volk, Stuttgart: Freisteller Umschlag, Seite 56/57, 61, 65, 67, 72, 75.
Alle übrigen Fotos (auch Umschlagbild groß) und Zeichnungen von der Autorin.

Adressen und Infos

Information und Beratung

- Kürbisclub Basel
  Dr. Michael Brancucci
  Augustinergasse 2
  CH–4001 Basel

- Staatliche Lehr- und Versuchsanstalt für Gartenbau
  Diebsweg 2
  69123 Heidelberg
  Tel.: (0 62 21) 74 84 0
  Fax: (0 62 21) 74 84 13

- Landwirtschaftliches
  Versuchszentrum
  Gaisseregg 5
  A–8551 Wies
  Tel.: 0043 (0)34 65 24 23
  Fax: 0043 (0)34 65 28 44

- Jucker Farmart
  Dorfstr. 9
  CH–8607 Seegräben
  Tel.: 0041 (1)932 11 20
  Fax: 0041 (1)932 40 76
  www.juckerfarmart.ch

Literaturhinweise

- Brancucci, Michael und Bänzinger, Erica: Das große Buch vom Kürbis. Midena & Fona Verlag, Küttingen 2000.

- Buchter-Weisbrodt, Helga: Natürlich gesund durch Kürbis und Kürbiskernöl. Trias Verlag, Stuttgart 1999

- Elffers, Joost und Freymann Saxton: Kürbisköpfe. Nicolai Verlag, Berlin 1999.

- Körber-Grohne, Udelgard: Nutzpflanzen in Deutschland. Studienausgabe. Kulturgeschichte und Biologie. Theiss Verlag, Stuttgart 1994.

- Kulmer, Grete und Weber, Josef: Kürbisse in Küche und Garten. Leopold Stocker Verlag, Wien 1997.

- Lestrieux, Elisabeth: Der Kürbis und alles was in ihm steckt. Dumont, Köln 1997.

- Neumann, Ulla und Bänzinger, Erica: Violet und der Kürbis. Midena 1997.

- Nizzoli, Arneo: Der Kürbis – überlieferte Rezepte aus italienischen Küchen. Könemann Verlag, Köln 1999.

- Reiterer, Editha und Reinhold: Kürbis – Von den Früchten, den Kernen und ihrem Öl. Christian Brandstätter Verlag Wien 1994.

Die Deutsche Bibliothek – CIP-Einheitsaufnahme
Ein Titeldatensatz für diese Publikation ist bei Der Deutschen Bibliothek erhältlich.

Haftung:
Autorin und Verlag haben sich um richtige und zuverlässige Angaben bemüht. Fehler können jedoch nicht vollständig ausgeschlossen werden. Eine Garantie für die Richtigkeit der Angaben kann daher nicht gegeben werden. Haftung für Schäden und Unfälle wird aus keinem Rechtsgrund übernommen.

© 2001 Verlag Eugen Ulmer GmbH & Co.
Wollgrasweg 41, 70599 Stuttgart
E-Mail: info@ulmer.de
Internet: www.ulmer.de
Printed in Germany
Lektorat: Carola Hils
Covergestaltung und Layout:
CYCLUS Visuelle Kommunikation
Herstellung und DTP:
CYCLUS Media Produktion
Druck und Bindung:
Offizin Andersen Nexö, Zwenckau
ISBN: 3-8001-3142-0

Register

Anregungen zum Selbermachen.

Steinpilzragout, Pilztorte, Asiatische Pilzpfanne - ein wahrer Gaumenschmaus! Doch vor dem Genuss steht die Frage: Wie erkennt man die essbaren Pilze? Und wie muss man sie zubereiten?

Nahezu **100 Pilze** und ihre teilweise **gefährlichen „Doppelgänger"** werden in diesem Buch exakt beschrieben. Abgebildet werden junge sowie ausgewachsene Pilze, Ansichten von oben, von unten und aufgeschnitten. Die **hervorragenden Farbfotos** ermöglichen eine rasche, **sichere Bestimmung** bereits beim Sammeln. Selbstverständlich geben die Autoren auch **fundierte Ratschläge** zum Umgang mit Pilzen, zum Sammeln, Auswählen, Putzen und Verarbeiten.

Pilze sicher bestimmen – delikat zubereiten. R. und F. Volk. 2. Auflage 2001. 192 S., 231 Farbfot. ISBN 3-8001-3656-2.

Das Angebot der auf Kräuter spezialisierten Gärtner ist in den letzten Jahren sehr groß geworden und viele bislang unbekannte **exotische Pflanzen** wurden in Kultur genommen.

In diesem Buch erfahren Sie erstmals alles über neue und natürlich auch über die **altbewährten Kräuter**, über ihre Anzucht, die spezielle Pflege auf dem Balkon und im Zimmer, ihre Vermehrung und Ernte. Darüber hinaus finden Sie auch **Gestaltungsbeispiele** und **viele Rezepte**.

Die Autorin M. Wiegele ist Buchautorin zum Thema Phytotherapie und Seminarleiterin zu sämtlichen Bereichen der alternativen Heilmethoden.

Der Kräutergarten auf Balkon und Terrasse. M. Wiegele. 2000. 96 Seiten, 76 Farbfotos, 20 Zeichn. Garten-Ratgeber Reihe. ISBN 3-8001-3135-8.

Kräuter runden nicht nur viele Gerichte ab, sie verleihen vielen Speisen erst ihren ganz typischen Geschmack. In diesem Buch erfahren Sie, zu welchen Speisen welche Kräuter passen, welche Teile der Pflanzen verwendbar sind und wie sie auf den menschlichen Organismus wirken. Bei der **riesigen Rezeptauswahl** wird man sehr einfach fündig. Außerdem werden verschiedene Konservierungsmethoden vorgestellt. **Ansprechende Farbfotos** machen Appetit aufs Nachkochen! Der im Buch enthaltene Teil **Kräuter von A – Z** in Garten und Natur stellt bekannte und längst vergessene Kräuter mit Bestimmung, Erntezeit, Anbau, Verwendungsmöglichkeiten und Heilwirkung vor.

Kochen mit Kräutern. R. und F. Volk. 2002. 128 Seiten. 120 Farbfotos. ISBN 3-8001-3273-7.